中国人民大学研究报告系列

# 中国经济安全年度报告：监测预警

## 2018

ANNUAL REPORT ON CHINA'S
ECONOMIC SECURITY:
MONITORING AND
EARLYWARNING 2018

顾海兵　李长治　等　著

中国人民大学出版社
· 北京 ·

# 总 序

陈雨露

当前中国的各类研究报告层出不穷，种类繁多，写法各异，成百舸争流、各领风骚之势。中国人民大学经过精心组织、整合设计，隆重推出由人大学者协同编撰的"研究报告系列"。这一系列主要是应用对策型研究报告，集中推出的本意在于，直面重大社会现实问题，开展动态分析和评估预测，建言献策于咨政与学术。

"学术领先、内容原创、关注时事、咨政助企"是中国人民大学"研究报告系列"的基本定位与功能。研究报告是一种科研成果载体，它承载了人大学者立足创新，致力于建设学术高地和咨询智库的学术责任和社会关怀；研究报告是一种研究模式，它以相关领域指标和统计数据为基础，评估现状，预测未来，推动人文社会科学研究成果的转化应用；研究报告还是一种学术品牌，它持续聚焦经济社会发展中的热点、焦点和重大战略问题，以扎实有力的研究成果服务于党和政府以及企业的计划、决策，服务于专门领域的研究，并以其专题性、周期性和翔实性赢得读者的识别与关注。

中国人民大学推出"研究报告系列"，有自己的学术积淀和学术思考。我校素以人文社会科学见长，注重学术研究咨政育人、服务社会的作用，曾陆续推出若干有影响力的研究报告。譬如自 2002 年始，我们组织跨学科课题组研究编写的《中国经济发展研究报告》、《中国社会发展研究报告》、《中国人文社会科学发展研究报告》，紧密联系和真实反映我国经济、社会和人文社会科学发展领域的重大现实问题，十年不辍，近年又推出《中国法律发展报告》等，与前三种合称为"四大报告"。此外还有一些散在的不同学科的专题研究报告也连续多年，在学界和社会上形成了一定的影响。这些研究报告都是观察分析、评估预测政治经济、社会文化等领域重大问题的专题研究，其中既有客观数据和事例，又有深度分析和战略预测，兼具实证性、前瞻性和学术性。我们把这些研究报告整合起来，与人民大学出版资源相结合，再做新的策划、征集、遴选，形成了这个"研究报告系列"，以期放大规模效应，扩展社会服务功能。这个系列是开放的，未来会依情势有所增减，使其动态成长。

中国人民大学推出"研究报告系列"，还具有关注学科建设、强化育人功能、推进协同创新等多重意义。作为连续性出版物，研究报告可以成为本学科学者展示、交流学术成果的平台。编写一部好的研究报告，通常需要集结力量，精诚携手，合作者随报告之连续而成为稳定团队，亦可增益学科实力。研究报告立足于丰厚素材，常常动员学生参与，可使他们在系统研究中得到学术训练，增长才干。此外，面向社会实践的研究报告必然要与政府、企业保持密切联系，关注社会的状况与需要，从而带动高校与行业企业、政府、学界以及国外科研机构之间的深度合作，收"协同创新"之效。

为适应信息化、数字化、网络化的发展趋势，中国人民大学的"研究报告系列"在出版纸质版本的同时将开发相应的文献数据库，形成丰富的数字资源，借助知识管理工具实现信息关联和知识挖掘，方便网络查询和跨专题检索，为广大读者提供方便适用的增值服务。

中国人民大学的"研究报告系列"是我们在整合科研力量，促进成果转化方面的新探索，我们将紧扣时代脉搏，敏锐捕捉经济社会发展的重点、热点、焦点问题，力争使每一种研究报告和整个系列都成为精品，都适应读者需要，从而铸造高质量的学术品牌、形成核心学术价值，更好地担当学术服务社会的职责。

# ▐ 前 言 ▶

屈指算来，笔者从事国家经济安全研究已经 20 多年，借力中国人民大学科研基金的资助出版《中国经济安全年度报告：监测预警》也已经有 5 年，到了应该总结的时候了，也到了应该进行反思的时候了。

经济安全问题伴随着对外开放而产生，对外开放的程度越高，经济安全的问题就越突出。对外开放是双刃剑，机遇和挑战是并行的。没有对外开放，就无所谓经济安全问题；对外开放的程度比较低，经济安全的重要性也不会彰显；对外开放的程度很高，经济的不安全就会凸显。因此，作为国内研究国家经济安全的一支重要力量，本人和课题组坚持把经济安全分解为经济安全条件和经济安全能力，条件和能力的不同水平的匹配可以有多种不同的安全组合，条件和能力各自可以有高中低三种不同的情况。其中，经济安全条件和开放密切相关，涉及经济的对外依存度，比如财政金融领域的外债率、短期外债比，实体产业领域的关键产业外资比、品牌外产比、外贸依存度和出口集中度，战略资源领域的粮食对外依存度和石油对外依存度等。

2018 年的经济安全报告的基础是 2017 年的报告。2017 年的经济安全年度报告相对于之前的研究报告，已经做了局部修正，比如去掉了能源加权对外依存度，增补了粮食对外依存度。当然做得还不够精致，考虑到年度可比性，2018 年的报告没有做进一步修改。

一般来说，作为研究报告系列，研究者都希望利用一个研究框架或一个研究版本持续地研究下去。本报告的起步阶段也是这样的想法：利用长期研究所积累的成果，然后能够"机械"地运转下去。就本研究来说，就是建立一套比较稳定的国家经济安全指标体系，包括经济安全条件指标体系和经济安全能力指标体系，然后再赋予各指标权重和划定各自的安全区间，最后带入数据对号入座，由此给出国家经济安全的分值和程度，可以是对历史和现实的经济安全监测，也可以是借助于预测对来年或未来的经济安全做出预警。现在来看，伴随着经济安全环境的逐步变化，虽然每年的变化不大，但5年累计的变化会比较大，或者也会有突发性变化，比如特朗普对奥巴马政策的"推倒重来"。由此，之前的"机械"运转经济安全监测预警系统的想法是需要反思的，也就是说经过5年运转的经济安全研究框架应该进行"大修"了，有些部分需要删减，有些部分需要新增。比如，目前的经济安全指标体系具有宏观性、产业性和抽象性，然而没有考虑关键"零部件"，比如当下讨论很热烈的"芯片"，涉及高技术，其分布于很多产业，据了解涉及50多个行业、几千道工序。媒体报道我国芯片的年度总进口达到千亿美元级别，也许是2000亿美元，占到我国外贸总进口的一成以上。显然芯片的对外依存度对我国经济安全有不可忽视的影响，然而现有的经济安全指标体系基于宏观和产业，没有给予特定产品具体的特别的考虑。当然，如果考虑这一因素，如何把这一因素转化为经济安全的指标，如何确定它的影响权重，如何确定它的不同安全区间，显然也不是那么简单的，因为芯片本身有不同的技术特性，在不同产业有不同的地位，也有不同的生产集中度，也不代表中国必须全部自主生产，即使技术专家也会有不同的看法，而把技术和经济结合、把技术和经济安全结合，对此更加会有不同的看法，其综合绝对不是看上去的那么简单。不言而喻，这样的"大修"是基础设施建设，需要充分的谋划、认真的准备和足够的积累。

另外一个不可忽视的问题是，中国经济安全的不安全总分可以依据中国经济对不同国家和地区的依存规模做分解，最后得到各个国家和地区对中国经济不安全的影响分值，这一点我们已经做了分解分析。然而，现在回过头来看，如此做法也有需要进一步完善的地方，因为这只是数量的分解，显然没有考虑，对不同国家和地区的相同依存规模，由于实际上不同国家和地区与我国经济安全的"利益度"不同，其实际对我国经济不安全的影响分值应该是不同的。比如，有两个国家，我国对它们的外贸依存数量都是1000亿美元，理论上这两个国家对我国经济不安全的影响分值是相同的。然而，如果考虑这两个国家和我国的利益关系度或经济安全一致度，比如一个国家与中国利益比较一致，国家之间关系比较和谐，另一个国家与中国利益不太一致，甚至经常有矛盾，显然同样的外贸依存数量或外贸依存度，其背后的经济安全程度是大不相同的。由此，需要在现有研究基础上做进一步调整。

还有一个需要关注的问题是，迄今为止的研究主要是中国式的，比较宏观、比较综合和比较抽象。然而，如果观察其他国家，比如美国等国家，它们对本国的国家经济安全的研究更偏好于案例研究、具体产品研究，这有点类似于英美的判例法系和大陆的成文法系之区别。一方面，需要保留各自经济安全研究特点，另一方面也需要借鉴对方的做法。特别需要注意的是，美国已经走在前面，美国在基于案例的经济安全运作基础上，目前又在加强经济安全战略的宏观运作，国会正在提出"国家经济安全法案"，并要求美国总统在3年内向国会提交一份"国家经济安全战略"①。

本报告的研究团队成员全部来自中国人民大学经济学院和财政金融学院，他们分别是（以章节为序）：李长治（中国人民大学博士生）、杨雅鑫（中国人民大学硕博生）、尹昕和战立男（中国人民大学硕士生）、卢俊（中国人民大学硕士生）、李洁（中国人民大学博士生）、张敏（中国人民大学博士生）、朱凯（中国人民大学博士生）和赵泊宁（中国人民大学本科生）、邓慧琳（中国人民大学硕士生）、尤晶（中国人民大学本科生）。其中，李长治承担了很多具体统筹工作。另外，中国人民大学硕博生徐腾达参与修改了第2章和第5章，张敏参与修改了第3章，张帅（中国人民大学博士生）参与修改了第4章，谢谢他们的奉献。

本报告是年度系列报告，一般来说，出版第1本有心气和锐气，出版第2本有创新精神，出版第3本、第4本大体就有点低谷，因此目前的这个第5本就可能不仅存在以前版本所存在的问题，也可能会有新的问题存在，当然也会克服过去存在的某些问题，但作为课题负责人，不可懈怠、不可免责，为了今后的持久研究，为了学术的品牌，恳请各位读者批评指正，以使《中国经济安全年度报告：监测预警》的质量不断提高。

最后，感谢"中国人民大学科学研究基金"对本报告的支持和资助。感谢中国人民大学出版社的编辑对本报告顺利出版提供的帮助。

---

① 港媒：美议员接连抛法案针对中国 欲加强美国在亚洲领导地位 [EB/OL]. (2018-05-11) [2018-09-11]. http://www.cankaoxiaoxi.com/china/20180511/2268934.shtml.

# 目 录 ▶

# 第 1 章　国家经济安全研究的现状和方法

**摘要：** 本章从理论角度梳理分析了国内外经济安全研究的研究历程和研究现状，并系统总结了本报告的研究方法。在梳理国内经济安全研究时，在往年报告的基础上，首次分析了 2008 年以后经济安全领域研究的新趋势和新热点，提出政府审计和外资并购的审查制度是这一时期经济安全研究的新热点；在梳理国外经济安全研究时，首次从政府机构、立法和战略角度分析了美国、日本、俄罗斯、印度等国家在经济安全领域的探索和实践。此外，在方法总结部分，分别系统总结了经济安全的监测预警方法和国别分析方法。

自 2014 年首次出版以来，"中国经济安全年度报告"系列已经走到了第 5 个年头。在课题组长的指导下，前面 4 期"中国经济安全年度报告"对我国经济安全领域进行了深入细致全面的分析。本着创新的原则，在本年度报告中，我们通过深度的挖掘和探索，一方面力求将经济安全领域的新情况、新趋势、新发展呈现给读者，另一方面采取多种分析视角，综合运用多种分析方法，以期为经济安全领域的实践工作提供理论基础。本年度报告的第 1 章介绍从理论分析到方法梳理的写作思路。在理论分析部分，从国内国外两个角度分析了经济安全研究领域的现状，特别是分析了 2008 年后国内经济安全领域研究的新热点，配合国别分析的视角，增加了美国、日本、俄罗斯、印度等大国在经济安全领域的探索和实践。当然这些分析还不能直接运用于 2018 年报告的监测预警之中，但可以为今后年度报告的修正与拓展提供参考。在方法梳理和分析中，以适用性为第一原则，分析归纳了本报告涉及的各类指标使用的经济预测方法。

## 1.1 国内经济安全研究现状分析

文章合为时而著，歌诗合为事而作，经济安全领域的学术研究则更是如此。我国国家经济安全研究发端于20世纪90年代，至今已有约30年的历史。1994年中国社会科学院赵英出版的《中国经济面临的危险——国家经济安全论》是较早系统论述国家经济安全问题的专著。国家经济安全领域的研究的第一次热潮兴起于2000年左右。加入WTO以后，我国经济的对外开放程度不断提高，国内学术界对经济安全问题的研究和认识不断深入。2008年国际金融危机的爆发及后续欧债危机的爆发，再次引起学术界对经济安全问题，特别是金融安全和债务问题的关注和重视，引起了经济安全领域研究的第二次热潮。传统的经济安全研究大致集中在两个领域。第一个领域是对国家经济安全概念的界定，并且在界定概念的基础上构建国家经济安全的指标体系，这类研究是传统经济安全研究的主流；第二类研究是国家经济安全的具体领域研究，这类研究从某个具体领域出发，研究产业安全、金融安全、能源安全等领域对国家经济安全的影响。

第一类研究，从目前来看，国内学术界对"国家经济安全"这一概念的界定仍是众说纷纭，尚未形成统一的认识。万君康等（2001）将经济安全定义为"在风险条件一定的前提下，实现最大化的对外开放效益，使国民经济增长和发展可持续，同时尽量避免国家经济命脉被外资控制"。雷家骕（2006）将经济安全界定为"一国经济上的主权独立、基础稳固、稳定增长、充分就业、科技进步、持续发展"。叶卫平（2008）则强调经济安全应当是"主权国家的经济发展和经济利益不受外部和内部的威胁而保持可持续稳定发展的一种经济状态"。本报告采用的是顾海兵在2007年提出的国家经济安全的定义：通过加强自身机制的建设，使我国经济具备抵御外来风险冲击的能力，以保证我国经济在面临外在因素冲击时能继续稳定运行、健康发展。

界定了经济安全的概念之后，接下来是构建指标体系，有两种思路。一种思路是将经济安全指标划分为若干个大类，比如：雷家骕（2006）提出战略资源与能源安全、产业安全、金融安全、财政安全以及全球化对一国经济安全的影响应当是构建经济安全指标体系重点关注的领域。叶卫平（2010）构建了包含"经济安全主权情况"和"经济危机风险状况"两大类的二级指标体系。年志远和李丹（2008）以及张汉林和魏磊（2011）分别将经济安全指标划分为五大类和八大类。另一种思路是构建更加结构化的多级指标体系，比如：顾海兵和张安军（2012）开发了包含

"经济安全条件"和"经济安全能力"两个二级指标和财政金融领域、战略资源领域等七大领域的三级指标的经济安全评价指标体系。

第二类研究则根据具体问题的不同有比较大的分化，比较集中的研究方向有：金融安全与国家经济安全（谭健，1998；陶坚，1998；刘沛和卢文刚，2001；赵蓓文，2006，2012；许圣道和王千，2009）、能源与战略资源安全与国家经济安全（袁富华等，2001；庄芮，2005；丁磊，2010；顾海兵和张梦莹，2014；梁敏，2015）、产业安全与国家经济安全（赵英，1997；赵惟，2005；马建春，2006；王俊豪和吴晶晶，2006；向一波，2013）、经济全球化与国家经济安全（沈静，2002；崔如波，2003；韩小威，2003；李晓勇，2003；彭有祥，2004；范爱军和韩忠先，2005；温俊萍，2006）等。

国际金融危机以后，经济安全领域的研究热度有所下降，但是也出现同传统的经济安全研究不一样的研究热点，主要集中在两个领域。第一个领域是政府审计与国家经济安全。唐建新等（2008）认为政府审计是我国国家经济安全保障体系的重要组成部分，持相同观点的还有蔡春等（2009）、何家凤等（2011），此外还有类似的表述，如：维护国家经济安全是政府审计的职责所在（王素梅等，2009）；维护国家经济安全是国家审计的现实目标（左敏，2011）；政府审计是保证国家经济安全的重要工具和有效手段。关于政府审计在维护国家经济安全的作用路径方面，主要有以下几种观点：第一种观点，主要是从制度角度谈如何完善政府审计体系，以便更好地维护我国的国家经济安全。认为政府审计应当明确自身定位，推进并强化绩效审计、开展专项审计调查（王素梅等，2009）、加强落实领导干部的经济责任审计、重视金融领域的经济安全、完善金融审计（乔瑞红，2009；吴昊洋和刘静，2015）。第二种观点，强调了政府审计在国家宏观经济政策的制定与实施的过程中起到的监督、预警和服务的作用（唐建新等，2008；王素梅等，2009），认为政府审计在维护国家经济安全方面的作用路径应当是针对国家经济安全政策的制定与执行开展审计和审计调查，监督国家经济安全政策的贯彻实施；此外，作为国家经济安全预警机制的重要环节，政府审计向政策制定部门反馈信息、提供意见与建议，促进政策的调整与完善。第三种观点，其他观点。张庆龙和谢志华（2009）提出政府审计在维护国家经济安全方面发挥了战略防御与微观制度清除、修补作用，认为应当从建立经济安全评价指标体系、重视财政安全审计和国家经济信息安全审计等几个方面发挥政府审计在维护国家经济安全方面的作用。杨建荣（2009）基于公共受托责任分析了政府审计在行政监督体制中维护国家经济安全的独特地位，从监督宏观调控、监控金融体系风险、保障重点行业安全、评估环境成本、审计对外投资、调查国际分工中的产业升级等六个方面论述了当前我国政府审计维护国家经济安全的主要方式。左敏（2011）提出在新的时代背景和历史条件下，应按照维护国家经济安全的目标要求重新定位审计工作的方向和着力点，即以落实权力主体经济责任为主攻方向，强化对公共资源整体性的监督，保障公共资源安全；强化对公共责任落实情况的监督，保障公共权力运行安全；强化对公共政策执行情况的监督，保障公共管理安全；强化对国际竞争引致公共风险的监督，保障宏观经济安全。

第二个领域是外资并购的审查制度与国家经济安全。外资并购是把双刃剑：一方面缓解了我国在经济建设中遇到的资金不足、技术和管理水平落后的问题，加快了我国的经济发展，缩短了与发达国家的差距；另一方面，跨国公司在中国的独资化倾向和对行业龙头的"斩首行动"也对中国的产业安全造成较大威胁，引起了专家和学者对国家经济安全的担忧（苑文博和梁一新，2012）。中国改革开放的前二十多年侧重以鼓励政策吸引外资而在一定程度上忽视了对国家重要产业的保护，导致外资控制了相当一部分战略产业和战略资源，在微观层面上形成外资凭借技术、管理和规模优势挤压本土企业的局面，在宏观层面上给国家经济的协调、持续、安全发展埋下了隐患（李群，2012）。随着我国发展水平的不断提高，改革开放前期给予外资超国民优惠待遇等"竭泽而渔"式的吸引外资的模式暴露出越来越严重的问题，众多国内学者强调外商/外国投资、外资并购的国家安全审查制度对于维护国家经济安全具有重要的意义（王少喆，2007；崔大勇，2007；赵莉丹，2008；胡延玲，2010；张爱峰，2010；张举胜，2011；成立辉，2013；王彬，2017），比如：李群（2012）认为对外资并购的国家经济安全审查应当作为投资监管的最后一道安全阀，江山（2015）认为应当确立"一体两翼"的国家安全法律体系，外商投资的国家安全审查制度就归属于两翼之一——国家经济安全的规制。现有文献对目前我国国家安全与经济安全审查的相关法律制度进行了分析，指出存在外资经济安全审查的法律效力层次较低，外资经济安全审查与外国投资准入审查、反垄断审查三者权责不清、界限不明等问题（徐维余，2009；李群，2012；王芳，2013），借鉴美国、英国、德国、加拿大、法国等国家的外国投资国家安全审查法律的经验，提出应当从审查对象、审查标准、审查机构和审查程序等几方面完善我国的外国投资国家安全审查制度（胡如蓝，2009；杨军敏，2010；张爱峰，2010；张举胜，2011；李群，2012；王彬，2017），比如：制定效力高的基本法律（包括外资并购法、外国投资与国家安全审查法或国家经济安全法等）；设立一个高层次、跨部门运作的审查机关，而不只是建立一个部级联合的工作机制等。此外，王东杰（2009）、陈贤银（2010）、谢翀（2012）等从国家经济安全的一个侧面——产业安全的角度分析了外资并购的影响。

总的来说，传统的经济安全领域的研究更加关注界定"国家经济安全"的概念、构建国家经济安全的评价体系等基础性、理论性的问题，而近年来经济安全领域的新研究则更侧重于如何构建国家经济安全的保障体系、维护国家经济安全的对策研究等应用性的问题。从研究"国家经济安全是什么？""国家经济安全状况如何、怎么评价？"等问题，过渡到研究"如何维护国家经济安全，有什么对策？"的问题，比如中央国家安全委员会设立以后的进一步分领域的深入研究等等，这是自然的逻辑顺承，也反映出国内学术界对国家经济安全有了更加深入的认识和研究。

## 1.2　国外经济安全研究现状分析

在本系列报告 2014 年报告中，国外经济安全研究部分主要分析了国外研究对经济安全的界定（Medvedev，1998；Wadhwani，2006；Kirsshner，2009），梳理了国外经济安全研究的三个主要特征。[①] 2015 年报告提出国外经济安全研究的四大特点：建立符合本国利益的经济安全研究结论体系；合作化、弱化对抗的经济安全目标；经济安全概念同国家战略息息相关；2008 年经济危机后加强了对经济安全的反思。2016 年报告、2017 年报告中提出国外经济安全研究在内容上具有广泛性，方法上具有多元性，演进具有循环性。此外，还论述了国外经济安全策略研究的情况。总的来说，前几年的报告对国外经济安全领域的文献做了相当深入细致的研究。

2018 年报告起草期间，一件不能忽视的大事就是一触即发的中美贸易争端。各界对中美贸易争端议论纷纷，对于"争端是否会进一步升级？""是否可能酿成一场规模宏大的贸易战争？"等问题莫衷一是。从国家经济安全的视角来看，美国之所以会挑起争端，本质上是一种维护本国的经济安全，保护本国在国际贸易中的利益的策略。事实上，随着经济全球化不断深化，各国在国际贸易中的利益争端越来越错综复杂。不单单是美国，主要的大国，如日本、俄罗斯、印度等都采取了必要的措施使得本国经济在面对外部冲击时保持稳定和发展。在中美贸易争端事件的启发下，本年度的经济安全报告跳出了以往几年报告的框架，在梳理国外经济安全研究的文献的基础上，拟从政府机构、立法和战略三个角度，分析美国、日本、俄罗

---

① 分别是：经济实惠与国家安全相对立；国家安全的内容的刻意模糊；案例推动的、基于国家背景的国家安全审查机制。

斯、印度在经济安全领域的探索和研究，利用其在经济安全研究和实践中的一些先进经验，更好地维护我国的国家经济安全。

首先是政府机构角度。美国1947年颁布了《国家安全法》，在第一章"国家安全的协调"下，第一条就提出了"建立国家安全委员会"的要求。同年7月，美国国家安全委员会（United States National Security Council，NSC）成立。作为美国总统的幕僚机构之一，国家安全委员会结构完整，职能庞大，经济安全的职能只是其中一部分。除此之外，为了应对中国的挑战，美国还单独成立了美中经济与安全评估委员会（U. S. - China Economic and Security Review Commission）。该委员会成立于2000年，是美国国会直属的一个政策研究机构，12名委员来自参议院多数党领袖、参议院少数党领袖、众议院议长和众议院少数党领袖。该委员会以其报告观点尖锐闻名，包括"中国威胁论"、中国对美出口影响了美国的就业等都是该委员会率先提出的论点。日本于1980年成立了综合安全保障会议，旨在从安全保障的角度协调经济、外交等政策。该会议由内阁总理大臣出席，内阁官房长官主持，成员包括外务省、农林水产省等省的大臣，经济企划厅等厅的长官以及执政党自民党的干事长、总务会长和政调会长。俄罗斯的联邦安全会议是俄罗斯国家安全的最高决策机构，俄罗斯联邦总统为安全会议主席，政府总理为安全会议副主席，安全会议秘书、安全局局长、外交部长、国防部长为安全会议常委，各部部长为安全会议委员。印度于1998年成立了国家安全委员会，由总理任主席，其核心成员包括国防部长、外交部长、财政部长、内政部长和计划委员会副主席，总理首席秘书为国家安全委员会顾问，其余政府部长也应邀参加国家安全委员会的会议。

其次是立法角度。美国有《国家安全法》，但是很少涉及经济部门和经济规定，且美国没有专门的国家经济安全法或产业安全法。但是，美国有关这方面的法律实际上分散于各种联邦法、行政法规、各州法律的大量判例中。保障美国国家经济安全的比较核心的法律集中在四个领域：（1）能源安全：《1975年能源政策与节约法案》《1977年能源组织法案》《2006年国家能源政策法》；（2）贸易安全：《1930年关税法》《1974年贸易法》《1979年贸易协定法》《1988年综合贸易和竞争法案》；（3）农业安全：《1933年农业调整法》《1996年联邦农业完善和改革法》《2002年农场安全及农村投资法》；（4）金融安全：《1933年银行法》《1933年证券法》《1934年证券交易法》《1999年金融服务现代化法案》。日本作为一个国内资源禀赋极其匮乏的国家，经过20世纪两次石油危机的冲击后，对其经济安全的脆弱性有了直接的体验，也更加认识到维护国家经济安全的重要性和紧迫性。日本非常注重通过国家立法的形式来防止、排除和化解外部不利因素对国家经济安全的冲击，虽然日本没有单独的、明确的关于国家经济安全的法律，但其关于国家经济安全法律的内容分布在经济法的各个领域。包括：（1）日本围绕能源安全建立了一个以石油安全储备、新能源开发和利用、节约能源为主体的"三位一体"的法律构架，日本《石油储备法》《石油公团法》保证了日本石油储备机制，《新能源开发法》及2002年的《能源政策基本法》规定了经济产业省集中能源安全管理制度。（2）为确保粮食供应，日本的农业安全法律体系以《食物、农业、农村基本法》为核心，粮食储备、农产品贸易保护、政府补贴、耕地保护等四个领域的具体法律紧密关联。（3）在金融领域，日本出台了《证券交易法》《外汇及外贸管理法》《金融再生关联法案》等来防范金融风险和维护金融安全。尤其值得一提的是《禁止垄断法》在日本经济法律体系中处于核心位置，扮演着"经济宪法"的角色。（4）在涉及国与国贸易问题上，日本不仅利用经济合作与发展组织（OECD）内部的通报、协议或调停机制，还与其他发达国家相互缔结了关于开展《禁止垄断法》合作的协定，这提供了在发生国外冲击危害本国经济安全时防护和应对的一种机制。俄罗斯亦没有一部综合的《国家经济安全法》，其保障经济安全的法律可以归纳为以下几个方面：（1）能源安全：《大陆架法》《经济特区法》《煤气供应法》《俄罗斯联邦矿产法》《天然气出口法》；（2）金融安全：《俄联邦信贷机构破产法》《银行重组法》《反洗钱法》《外汇调节和外汇监督法》《俄罗斯银行及银行活动法》《有价证券市场法》《投资基金法》等；（3）贸易安全：《1993年俄罗斯联邦海关法》《2004年俄罗斯联邦海关法》；（4）土地安全：《土地基本法》《土地法典》《有关农业企业改革条例》《关于土地抵押的补充规定》《不动产和不动产交易登记法》。印度作为世界第二大发展中国家，在国情背景方面与我国有诸多相似之处，但是印度在经济安全立法方面具有自己的特色，尤其是在对外贸易保护和产业经济安全方面。在对外贸易保护方面，印度主要依据《1992年外贸（发展和管理）法案》和《1993年外贸（管理）规则》等法规进行管理。印度设置了较高的关税和非关税壁垒，以保护本土产业，政府除了对所有的进口产品征收1%的海关处理费之外，还征收2%的教育基金税。印度还频繁地采用反倾销策略和反补贴措施来保护本国产业。此外，印度保护重点发展产业的法规做得很细致。以信息产业为例，印度关税法规规定，对印度软件产业实施免税，免除关税、流通税和服务税，免除进口软件的双重关税和软件出口商的所得税，并允许保留其出口收入的一半。2000年，印度还颁布了《信息技术法》进一步保护印度的信息产业。

最后是战略角度。建立国家经济安全战略在维护国家经济安全方面起到至关重要的作用。从形式上看，按照粗细不同，可以分为全面的经济安全战略和纲要式经济安全战略；如果按照战略的政府制定和执行部门来区分，可以分为集中型（战略的制定与执行部门集中于政府某一个部门）与分散型（制定与执行部门分散于政府的各个部门）；如果按战略的形态来分析，分别有单独型（国家经济安全战略独立于国家安全战略）与嵌入型（国家经济安全战略包含在国家安全战略中）。美国的经济安全战略定位随着战略背景的不同而有所变化，在19世纪末以前属于国内防御型，在20世纪初以后是谋求世界霸权的进攻型。美国没有单独的国家经济安全战略，分散在其政策措施及法律体系、行政规定中，属于分散嵌入型。美国的经济安全战略首先体现在各届政府的《国家安全报告》中，自1986年起，依据《戈德华特—尼古拉斯国防部调整法》第603条款，美国总统每年向国会提供一份综合性的国家安全战略报告。其中包含对美国经济安全背景、目标、措施、重点等经济安全内容的概述，每届政府会根据经济形势对美国经济安全战略进行调整。其次，美国经济安全战略体现在国家的对内、对外经济政策中，比如美国在20世纪八九十年代实施的"企业竞争力"策略和国家出口战略等。

上文介绍了，日本的经济安全战略也属于分散嵌入型，但是有与美国不同的特点。日本的国家经济安全在战略上有三个基本观点：一是全面观。经济安全不能仅从经济方面考虑，还必须从政治、文化等方面进行综合考虑。二是全球观。经济安全保障必须在世界政治、经济框架内考虑。三是全民观。保障经济安全不仅要靠政府，而且要动员地方、企业和全体国民共同参与，建立相应的应对危机体制。同时，日本将遏制或排除外部的经济或非经济威胁作为其国家经济安全战略的重点。为此，日本将国家经济安全的战略锁定在"保障海外能源、资源的稳定供应"和稳定与扩大"海外市场"，以及做出符合"经济大国"地位的"国际贡献"上。俄罗斯从20世纪90年代开始将国家经济安全上升到战略高度，发布了《俄罗斯经济安全构想——基本条例》、《俄罗斯联邦国家经济安全战略》（列出了俄罗斯联邦经济安全指标清单）、《俄罗斯联邦总统国家安全咨文》。2000年，修订了《俄罗斯经济安全构想——基本条例》，2009年出台了《2020年前俄罗斯国家安全战略》。俄罗斯国家安全战略突出两个重点，一是重视传统安全威胁，二是突出经济安全问题。俄罗斯经济在2008年的金融危机中受到严重影响，因此，其经济安全问题的重要性甚至超过传统安全问题。印度经济安全战略形式为分散嵌入型，其定位属于防御型。现阶段印度经济安全战略的重点包括：粮食安全、能源安全、金融安全、科技信息安全和外资安全。

## 1.3　国家经济安全研究方法：监测预警分析

国家经济安全监测预警分析是在国家经济安全理论指导下的实践工作。自 1888 年巴黎统计学大会上之后，经济监测预警系统逐渐成为经济学研究的一个热点。从 20 世纪 30 年代开始，国际上，经济监测预警系统理论再度兴起，并在不断改进之后，逐渐应用于实际问题。1937 年，美国经济研究局选择 21 项指标构成超前指数，研究经济监测预警问题，1961 年美国商务部也正式在其刊物《经济循环发展》上以数据和图表两种形式提供宏观经济景气动向的信号。反观国内，在中国知网中，以"经济监测预警系统"为关键词搜索发现：国内的经济监测预警系统研究从 2002 年开始迎来一个爆发，经济安全预警系统的文章呈现井喷式的增长，直到 2015 年开始才略有下降。从方法论的角度看，对经济形势的把握分为两个部分：经济监测和经济预警。经济监测是与国民经济活动同时进行的并行性过程性的测度，旨在对国民经济做完整的综合性观测、分析和评价。经济预警则是在对宏观经济预测的基础上，结合事先确定的警度区间做警告性预报。

### 1.3.1　国家经济安全的监测方法

经济监测建立在量化数据的基础上，为了对国家经济安全状况进行完整的、综合性的评价，则需要一套完整的评价体系，包含一套系统的量化指标体系（各个指标的权重和警限值）、量化评分方法和分数评价体系。具体来说，国家经济安全的监测工作可以参照"构建经济安全指标体系—确定指标安全得分—合成总体安全得分—判断安全类型"四个步骤进行，具体如下：

**步骤一：构建经济安全指标体系**。本系列报告自 2014 年以来，一直沿用顾海兵、孙挺 2012 年开发的"'十二五'时期国家经济安全指标体系"。为了反映国家经济安全的新背景、新形势，本系列报告团队于 2016 年下半年启动指标体系修正研究工作，张敏等运用专家调查法、文献研究法等方法完成了指标修正工作。新的指标体系和各指标的警限值详见表 1-1，在 2017 年报告中即采用了局部修正的指标体系，本年度报告沿用这一指标体系。考虑到 2016 年的修正是局部的，而指标体系建立已经有 5 年之久，今后应该进行整体性修正，比如如何考虑类似芯片等技术控制对经济安全的影响等，也许这需要花费更多的时间。

表 1 - 1 中国经济安全研究指标体系（2016 年修订）

| | 关键领域 | 权重（%） | 指标 | 权重（%） | 下警限 | 上警限 |
|---|---|---|---|---|---|---|
| 经济安全条件 | 财政金融 | 30 | 外债负债率 | 18 | 5% | 20% |
| | | | 短期外债占外债的比重 | 12 | 10% | 80% |
| | 实体产业 | 50 | 七大关键产业外资加权市场占有率 | 10 | 10% | 30% |
| | | | 品牌外产比 | 10 | 5% | 20% |
| | | | 贸易依存度 | 20 | 10% | 50% |
| | | | 出口集中度 | 10 | — | 40% |
| | 战略资源 | 20 | 石油对外依存度 | 14 | — | 40% |
| | | | 粮食对外依存度 | 6 | — | 5% |
| 经济安全能力 | 财政金融 | 25 | 商业银行不良贷款率 | 11 | — | 4% |
| | | | 商业银行资本充足率 | 7 | 12% | 20% |
| | | | 国债负担率 | 7 | 20% | 60% |
| | 实体产业 | 43 | 中国 500 强企业研发投入比 | 20 | 1.50% | — |
| | | | 中国 PCT 专利申请量全球占比 | 10 | 15% | — |
| | | | 制造业国际竞争力指数 | 13 | 103.2 | — |
| | 战略资源 | 15 | 战略石油储备满足消费的天数 | 10 | 7 | 60 |
| | | | 人均粮食产量 | 5 | 350 | — |
| | 宏观稳定 | 17 | GDP 增长率 | 8 | 5% | 8% |
| | | | CPI 增长率 | 5 | 3% | 5% |
| | | | 城乡收入比 | 4 | — | 2.5 |

**步骤二：确定指标的安全得分**。利用插值法将指标转化为经济安全得分。根据指标的警限类型不同，利用插值法计算经济安全得分的方法略有差异。

对于有双侧警限的指标，如外债负债率、短期外债占外债的比重等，设该类指标的观察值为 $x$，安全得分为 $y$；其临近左侧警限（下警限）为 $x_1$，对应的安全得分为 $y_1$；临近右侧警限（上警限）为 $x_2$，对应安全得分为 $y_2$，则该指标最终的安全评分的公式为：

$$\frac{y-y_1}{x-x_1}=\frac{y_2-y_1}{x_2-x_1}$$

解上式可得：

$$y=y_1+\frac{(x-x_1)(y_2-y_1)}{x_2-x_1}$$

对于只有单侧警限值的指标，如出口集中度、石油对外依存度等，设该类指标

的观察值为 $x$，安全得分为 $y$；某一侧的警限值为 $x_1$，对应的安全得分为 $y_1$，则该指标最终安全评分的计算公式为：

$$\frac{x}{y} = \frac{x_1}{y_1}$$

解上式可得 $y = x \cdot \dfrac{y_1}{x_1}$。

**步骤三：计算经济安全得分**。将各指标的经济安全得分按照表 1 - 1 中赋予的权重加权平均，汇总得到经济安全条件得分和经济安全能力得分，并将经济安全条件得分和经济安全能力得分综合起来，得到最终总的经济安全得分，具体公式如下：

$$经济安全得分 = \sqrt{经济安全条件得分 \times 经济安全能力得分}$$

**步骤四：判断经济安全类型**。计算出经济安全得分后，便可以依据表 1 - 2 中对经济安全类型的划分，对本年度的经济安全状况进行监测，有助于对各指标乃至总体安全情况形成更直观的感受。

表 1 - 2　　　　　　　　　　　　　经济安全类型判断

| 安全得分 | 0～20 | 20～40 | 40～60 | 60～80 | 80～100 |
| --- | --- | --- | --- | --- | --- |
| 安全类型 | 极不安全 | 不安全 | 轻度安全 | 基本安全 | 安全 |

## 1.3.2　国家经济安全的预警方法

如果说经济监测是一种现在时的分析，那么经济预警则是一种未来时的分析。经济预警是指围绕经济循环波动这一特定经济现象展开的一整套经济评价理论和方法体系，主要包括预警指标的选择和确定、预警方法、警限界定和报警等几个方面的内容。其中，预警方法是预警系统的核心，如景气指数法、ARCH 预警法、判别分析法、人工神经网络方法等（黄继鸿等，2003）。所谓的国民经济预警系统，就是反映经济发展动向和幅变的指示器或警报器。它通过对一系列指标的预测，来判断宏观经济未来的走势，从而预先发出信号，为国家或地方政府部门的宏观调控提供依据。经济预警系统的建立，已经有超过 60 年的历史。早在 20 世纪 50 年代开始，美国就率先提出了包括失业率、通货膨胀率和外贸入超三个基础指标的预警模型，规定上述指标中任何一个指标连续三个月（比上月）上升一个百分点，则政府必须采取相应的措施。时至今日，经济预警模型已经发展成为一套评价经济运行未来状况的综合系统。

经济预测是经济预警的基础。国内外诸多学者给出的经济预测的定义不尽相同①，但是都强调经济预测是根据确定的历史数据及其规律性，运用一定的经济预测方法，对经济现象的未来状态进行推测的过程。按照不同的标准，可以将经济预测划分为不同类型，比如：按照预测的提前量划分，预测方法可以分为超短期预测（小于一个月）、短期预测（小于一年）、中期预测（3—5 年）、长期预测（大于5 年），超长期预测（大于 10 年）；按照预测的空间范围大小，可以分为宏观预测、中观预测和微观预测；按照预测的性质划分，可以分为定性预测和定量预测。按照上述标准，"中国经济安全年度报告"系列属于宏观层面的短期预测，侧重使用定量预测方法，兼顾定性预测方法。

经过长期的发展，现有的经济预测方法已经有两三百种，常用的也有几十种。纵观经济预测方法的发展历程，应用更加复杂的数学方法趋势明显。近些年来，对于预测方法的复杂性的追求已经超越了正常的范围，变成为复杂而复杂，为数学而数学，变成了"唯数学论"。然而多年的经济监测预警实践经验告诉我们，预测方法的复杂程度与预测结论的精确程度和科学程度并无必然联系。预测方法的选择并不以"复杂性"为标准，而是以"适用性"为标准。在顾海兵的指导下，本报告课题组始终坚持选合适的经济预测方法，而不是选复杂的经济预测方法。

接下来梳理本年度经济安全报告中采用的预测方法，并对其适用性进行分析，如表 1-3 所示。

表 1-3 各指标预测方法及适用性分析

| 指标 | 方法 | 理由 |
|---|---|---|
| 外债负债率 | 移动平均法 | 数据平稳波动 |
| 短期外债占外债的比重 | 非线性回归预测法（年份为预测变量） | 数据总体呈现出先下降后上升的非线性趋势 |
| 贸易依存度 | 多元线性回归方法 | 影响外贸集中度和出口集中度的因素有许多，比较简单 |
| 出口集中度 | 多元线性回归方法 | |
| 七大关键产业外资加权市场占有率 | 固定增长率模型 | 数据具有显著的下降趋势 |
| 品牌外产比 | 固定增长率模型 | 数据具有显著的下降趋势 |
| 粮食（谷粮）对外依存度 | 分子分母分别预测法 | 粮食对外依存度的特性 |

① 如：经济预测是在一定的经济理论指导下，以经济发展的历史和现状为出发点，以现实资料（包括统计资料、调查资料等）为依据，在对经济过程进行充分的定性分析和严格的定量分析的基础上，对经济发展的未来情况做出科学的推测（张保法，2004）；经济预测采用相似性原理，开发出经济模型，找出未来突发事件发生的平均可能性，然后做出未来的陈述（David F. Hendry, Neil R. Ericsson. Understanding Economic Forecast [M]. MIT Press, 2003.）；经济预测是指以准确的调查统计资料和经济信息为依据，从经济现象的历史、现状和规律性出发，运用科学的方法，对经济现象未来发展的前景进行预测（张桂喜，2003）等。

续前表

| 指标 | 方法 | 理由 |
|---|---|---|
| 石油对外依存度 | 专家预测法和时间序列法中的线性趋势外推法 | 石油对外依存度的趋势 |
| 国债负担率 | 分子分母分别预测法 | 国债规模和名义 GDP 决定因素不同 |
| 商业银行不良贷款率 | 双周期移动平均法 | 我国商业银行不良贷款率与双周期移动平均趋势线基本重合 |
| 商业银行资本充足率 | 一阶差分法 | 我国商业银行资本充足率呈现出不断上涨趋势，每年季度资本充足率平均值增长幅度相差不大，且呈现出一种逐渐缩小差距的态势 |
| 中国 500 强企业研发投入比 | 灰色时间序列预测法 | 对于这样具有一定随机波动性质的时间序列数据，可以看作在一定范围内变化、与时间有关的灰色过程，运用灰色时间序列预测法进行短期预测 |
| 中国 PCT 专利申请量全球占比 | 分子分母分别预测法生长曲线模型 | 往年报告曾尝试运用多元线性回归模型分别对中国和全球专利合作条约（PCT）专利申请量进行预测，但并未获得具有显著性的方程，故使用移动平均法直接对中国 PCT 专利申请量全球占比进行预测。同样，预测结果常常与实际值存在较大偏差。生长曲线模型是否适用于 PCT 申请量的预测有待检验，若模型对历史数据的拟合效果较好，则可以考虑用生长曲线模型代替移动平均法来预测中国和全球 PCT 年申请量 |
| 制造业国际竞争力指数 | 灰色预测模型 | 通过预测各项指标来预测制造业国际竞争力指数难度很大，一方面各项指标的预测工作本身就极其复杂，部分指标随机波动性较大；另一方面，各项指标的加权综合过程也相对复杂。对于在一定范围内变化，既包含已知信息又含有诸多不确定信息的变量，可以采用灰色过程进行预测 |
| 战略石油储备满足消费的天数 | 分子分母分别预测法 | 分子分母变化趋势不同 |
| 人均粮食产量 | 分子分母分别预测法 | 分子分母决定因素不同 |
| GDP 增长率 | 专家预测法 | 综合国内外诸多专家机构的预测 |
| CPI 增长率 | 专家预测法 | 综合国内外诸多专家机构的预测 |
| 城乡收入比 | 一阶差分法 | 因为关注"城乡收入比"这一指标的专家学者、机构较少，没有形成系统的预测制度，无法通过对机构的预测值进行加权平均求得城乡收入比的预测值。此外，数据具有持续下降的趋势 |

资料来源：笔者整理。

## 1.4  国家经济安全研究方法：国别分析

从不同的视角看待国家经济安全的问题，会有不同的领略和感悟。从经济安全子系统的视角来分析，可以将国家经济安全分为"经济安全条件"和"经济安全能力"两大维度，财政金融、战略资源和实体产业等 7 大领域，外债负债率、短期外债占外债的比重等 19 个经济安全指标。而从国别分析的视角出发，则每一个经济安全条件指标都构成一个独立的外部冲击来源。尤其是涉及进出口贸易、战略资源等经济因素的指标，如出口集中度、贸易依存度等，具备极强的国别特点，比如我国汽车贸易的主要对象是美国、德国、日本等。为了实现"评估风险，监测当前，预警未来"的根本目的，必须能够精确定位经济安全外部冲击的国别来源，从而做到有的放矢，精准警示风险来源，为精细化管控我国国家经济安全提供理论依据。

本课题组在 2015 年报告中曾经运用"国别分解法"分解美国、欧盟、日本、俄罗斯和印度五大国家及地区对我国经济安全的冲击，取得了较好效果；在 2017 年报告中也沿用了这一方法。因此，本年度报告继续沿用"国别分解法"进行分析，其中，特别需要注意的是，"国别分解法"针对的是外部的冲击国别来源，故涉及的只是对经济安全条件的分析。在对经济安全条件进行国别分解后，还需要结合经济安全能力，才能得到我国经济安全的总体状况。具体而言，国别分解法的具体流程分为四个步骤（如图 1-1 所示）：

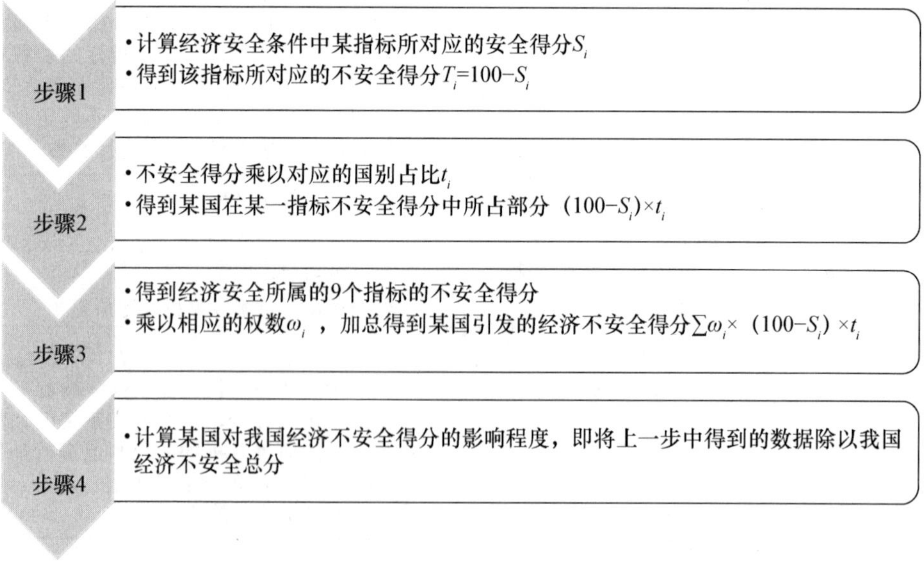

**步骤1**
- 计算经济安全条件中某指标所对应的安全得分 $S_i$
- 得到该指标所对应的不安全得分 $T_i=100-S_i$

**步骤2**
- 不安全得分乘以对应的国别占比 $t_i$
- 得到某国在某一指标不安全得分中所占部分 $(100-S_i)\times t_i$

**步骤3**
- 得到经济安全所属的9个指标的不安全得分
- 乘以相应的权数 $\omega_i$，加总得到某国引发的经济不安全得分 $\sum \omega_i \times (100-S_i) \times t_i$

**步骤4**
- 计算某国对我国经济不安全得分的影响程度，即将上一步中得到的数据除以我国经济不安全总分

图 1-1  国别分解法的具体流程

根据上述这个步骤，我们就可以依次得到，各个目标研究国家（地区）对中国经济不安全的影响程度。各目标国家（地区）的选择依然延续 2015 年报告中的研究成果，即将美国、欧盟、日本、俄罗斯和印度作为目标研究。这五个国家或者地区对我国经济安全的影响程度如表 1-4 所示：

表 1-4　　　　　目标研究国家（地区）对我国经济安全影响程度表

| 国家（地区） | 美国 | 欧盟 | 日本 | 俄罗斯 | 印度 |
| --- | --- | --- | --- | --- | --- |
| 影响程度 | 15％ | 14％ | 10％ | 3％ | 1％ |

当然，这里的国家（地区）分析是有局限的，不同的指标体系、不同的指标权重和不同的预测数据前提，结论是很不同的，这也是社会科学研究的特征之一，尤其经济安全研究更是具有抽象性、宏观性，更多的是百家争鸣。

本报告后面的国别分析，由于数据的可得性，只能做部分指标的部分国家（地区）的分析。

## 1.5　本报告的篇章结构

纲举则目张，一份报告的篇章结构，反映了研究团队的整体思路。至今，《中国经济安全年度报告》系列已经走到第五个年头，在顾海兵的带领和指导下，本课题组坚持创新思路，创新方法：在 2014 年和 2016 年报告中，选取了子系统分析的视角，在经济安全条件和经济安全能力两个维度下针对财政金融、实体产业、战略资源、宏观稳定等不同领域进行分析；在 2015 年报告中，选取了国别分析的视角，分析美国、欧盟、日本、俄罗斯和印度五个国家及地区对我国经济安全的部分影响。从 2017 年开始，报告兼收并蓄，博采众长，结合了子系统分析和国别分析两种视角，设计了九章"总—分—总"的篇章结构。本年度的报告沿袭了 2017 年的思路，具体来说，分为四个部分：

第一部分，总论（第 1 章）。以史为鉴，可以知兴替，该部分简要回顾了经济安全领域国内外研究的历史脉络，梳理经济安全领域研究的现状，在此基础上详细阐述经济安全研究的监测预警方法和国别分析方法，说明了本年度报告的研究思路和主要内容。在梳理国内经济安全研究的历史和现状时，特别关注了经济安全研究的新趋势和新热点，提出政府审计和外资并购的审查制度是近年来经济安全领域研究的新热点。

第二部分，经济安全条件分析（第 2～4 章）。从财政金融、实体产业和战略资源三个领域着手，分析了影响我国经济安全的外部冲击因素。其中，尤为值得一提的是，本年度报告中结合了国别分析的视角，分析重点国家对于我国经济安全程度的影响。

第三部分，经济安全能力分析（第5～8章）。从财政金融、实体产业、战略资源和宏观稳定四个领域入手，分析我国经济抵御外部冲击、维持自身稳定与发展的能力。

第四部分，尾论（第9章）。总结本年度中国经济安全各领域的监测预警情况。

【执笔人：李长治】

# 第 2 章　经济安全条件之财政金融领域

**摘要：** 国家经济安全作为一个完整的系统，是经济安全条件和经济安全能力的有机组合。本章主要分析的是经济安全条件之财政金融领域的安全状况，衡量指标分别是外债负债率和短期外债占外债的比重。其中，外债负债率在 2017 年的监测结果为 14.2%，安全得分为 91 分；短期外债占外债的比重为 64%，安全得分为 78 分。伴随着全球经济回暖、贸易复苏以及人民币汇率升值，2017 年我国全口径外债规模增加，上述两大指标均高于前一年，安全得分也较前一年有所下降。本章分别采用了移动平均法和非线性回归法来预测 2018 年两大指标的数值。其中，外债负债率为 13.8%，安全得分为 93 分；短期外债占外债的比重为 65.2%，安全得分为 75 分。

本章主要研究国家经济安全条件之财政金融领域的安全状况。本章内容总共由 4 小节组成，首先，2.1 节介绍了选择外债负债率和短期外债占外债的比重两大指标作为衡量国家经济安全所面临的来自财政金融领域的外部风险的原因；其次，2.2 节对两大指标在 2017 年的安全得分做了监测；2.3 节主要是对两大指标在 2018 年的安全得分做出了预测；2.4 节则是总结和思考部分。值得注意的是，同往年报告不同的是，今年本报告在计算负债率和短期外债占外债的比重这两大指标时，所使用的外债是全口径外债，既包括外币外债也包括本币外债。

## 2.1　经济安全条件中的财政金融领域

目前国内学界对国家经济安全的概念界定各不相同，尚未形成共识。鉴于本报告自 2014 年出版以来，一直是以顾海兵和王鑫琦（2011）创建的国家经济安全研究的方法论为主线进行展开，因此我们采用顾海兵在 2007 年对国家经济安全内涵的界定，即通过加强自身机制的建设，使我国经济具备抵御外来风险冲击的能力。国家经济安全作为一个完整的系统，是经济安全条件和经济安全能力的有机组合。安全条件衡量的是一国经济安全所面临的外部风险，安全能力衡量的是一国经济系统应对这种风险的能力。一个国家经济安全所面临的外部风险主要来自财政金融领域、实体产业领域和战略资源领域，本章主要分析的是来自财政金融领域的外部风险。

随着诸多新兴市场国家逐步加大资本项目的对外开放，金融全球化的程度也在加深，各个国家通过跨境资金的流动紧密联系。资本账户的开放和金融全球化在给各国带来投融资便利、促进经济发展、增加财富的同时，也埋下了深深的隐患。当资本大规模流入以至于超出本国经济发展所需资金时，就会导致经济发展过热、资本市场产生泡沫、通货膨胀等问题。一旦该国经济金融发展出现问题或者发达国家实行紧缩的货币政策时，资本就会大规模地流出从而影响该国的利率和汇率水平，甚至引发经济金融危机。20 世纪 80 年代的拉美债务危机以及 90 年代的亚洲金融危机都与资本流出有密切的关系。

20 世纪 60 年代，奉行发展主义的拉美地区开始通过举借外债来促进本国经济发展，再加上发达国家因石油危机的影响将大量的石油美元投入拉美地区，导致拉美外债规模急剧增加至 1982 年的 3 180 亿美元。但是随着贸易保护主义的抬头，拉美地区的出口遭到打击，收入下降。与此同时，发达国家的货币紧缩政策使国际利率提高，但是拉美国家却一直维持着低利率，利差的扩大导致国际资金回流和美元汇率的提高，这些都加重了拉美国家的债务负担，使其无力偿还，从而爆发了债务危机。

20 世纪 80 年代中后期，东亚部分国家相继对外开放了其资本市场，为了促进经济发展开始大规模吸引外资、举借外债，且短期外债占有较大的比重。黑泽清一和司韦（1999）认为，1997 年亚洲金融危机的爆发是由于大量短期资金瞬间流出，短期内使外汇储备枯竭所导致的。梁文玲（1999）发现，亚洲金融危机爆发时，泰国、印度尼西亚、马来西亚的负债率分别高达 47%、48% 和 36%，均超过 20% 这一安全界限。祝恩扬和侯铁珊（2012）发现金融危机爆发前，泰国和印度尼西亚的短期外债对外汇储备的比率都比较高，分别为 156.69% 和 222.74%。

由此可见，虽然资本流出在拉美债务危机和亚洲金融危机的爆发中起着重要的作用，但是如果没有资本流入，也就不可能有资本的流出。正是这些国家不当的外债管理才为后来的危机爆发埋下了隐患。对于发展中国家而言，外债可以弥补国家资金缺口，促进产业结构的转型升级并提高国家的经济增长速度。因此，如果外债规模过小将不利于本国经济发展，但是，如果一个国家举借外债规模过大，也会带来沉重的债务负担。当债务负担过重无法按期偿还时就可能会导致债务危机的爆发，拖垮一国经济。从外债的期限结构来看，短期外债具有很强的流动性，当国际经济形势发生变化时，极易发生逆转，进而影响该国的利率和汇率水平，影响微观主体的收益水平，增加宏观调控难度，演化成金融危机，对国家经济的发展造成极大的负面效应。

因此如表 2-1 所示，本章节将从外债负债率和短期外债占外债的比重这两大指标来窥探国家经济安全条件之财政金融领域的安全状况。其中，外债负债率反映了外债的规模风险，短期外债占外债的比重反映了外债的期限结构风险。

表 2-1　　　国家经济安全研究指标体系表——经济安全条件之财政金融领域

| | 关键领域 | 权重 | 指标 | 权重 |
|---|---|---|---|---|
| 经济安全条件 | 财政金融 | 30% | 外债负债率 | 18% |
| | | | 短期外债占外债的比重 | 12% |

根据《外债管理暂行办法》（2003）的规定，我国对外债的定义为："境内机构对非居民承担的以外币表示的债务"。自 2014 年 12 月起，我国改按国际货币基金组织数据公布特殊标准（SDDS）调整外债统计口径，根据《中国外债统计数据诠释文件》（2015），外债是指中国居民对非居民的债务拖欠，包含外币和人民币债务。其中持有外债的机构部门主要包括广义政府、中央银行、其他接受存款公司、其他部门和直接投资（公司间借贷）。按照期限结构划分，外债还可划分为短期外债和中长期外债。按照国家外汇管理局的规定，按照期限结构对外债进行分类，有两种分类方法。一是按照签约期限划分，即合同期限在一年以上的外债为中长期外债，合同期限在一年或一年以下的外债为短期外债；二是按照剩余期限划分，即在签约期限划分的基础上，将未来一年内到期的中长期外债纳入短期外债中。国家外汇管理局每季度末公布的全口净外债数据的新闻稿中均是按签约期限划分中长期外债。

## 2.2　经济安全条件中的财政金融领域：2017 年监测

2015 年，我国按国际货币基金组织数据公布特殊标准调整了外债统计口径，外债是指中国居民对非居民的债务拖欠，包含外币和人民币债务，俗称"全口径外债"。往年《中国经济安全年度报告》所采用的外债统计口径均未包含人民币外债，为了真实全面地反映我国对外负债的安全状况，2018 年报告采用"全口径外债"来进行计算。

由于国家外汇管理局公布的全口径外债数据仅追溯到 2014 年末，因此我们无法得知之前年份的全口径外债数据。温建东（2016）通过研究发现国际投资头寸表（IIP 表）中的金融账户负债与全口径外债之间存在着统计关系，具体推算公式如下：

$$
\begin{aligned}
\text{全口径} &= \text{直接投资的} + \text{证券投资的} + \text{货币和} + \text{贷款} + \text{保险和养老金} \\
\text{外债} &\quad\ \text{关联贷款负债} \quad\ \text{债券负债} \quad\ \text{存款负债} \quad\ \text{负债} \quad\ \text{负债} \\
&+ \text{贸易信贷} + \text{其他投资负债} + \text{特别} \\
&\quad\ \text{负债} \qquad\quad \text{的其他项} \qquad \text{提款权}
\end{aligned}
$$

本研究根据上述公式对 2014 年末以来的外债数据进行了推算，与国家外汇管理局公布的全口径外债数据对比后，发现偏离度均未超过 2%，这说明温建东（2016）构建的推算方法较为科学。因此，本研究将根据上述方法推算 2012 年和 2013 年的外债余额，2014 年及以后的外债数据以国家外汇管理局公布的数据为准。

2018 年 3 月 29 日，国家外汇管理局公布了 2017 年 12 月末我国全口径外债数据，其中我国全口径外债实际值为 17 106 亿美元（不包括香港特区、澳门特区和台湾地区对外负债，下同）（如表 2 - 2 所示）。从期限结构看，中长期外债余额为 6 116 亿美元，占 36%，短期外债余额为 10 990 亿美元，占 64%。

表 2 - 2　　　　根据 IIP 表推算外债值与全口径外债实际值对比　　　（单位：亿美元）

| 时间 | 全口径外债实际值 | 根据 IIP 表推算外债值 | 偏离度（%） |
|---|---|---|---|
| 2014 年 12 月末 | 17 799 | 17 766 | 0.19 |
| 2015 年 3 月末 | 16 732 | 16 801 | 0.41 |
| 2015 年 6 月末 | 16 801 | 16 800 | 0.00 |
| 2015 年 9 月末 | 15 298 | 15 452 | 1.00 |
| 2015 年 12 月末 | 14 162 | 13 844 | 2.24 |
| 2016 年 3 月末 | 13 645 | 13 174 | 3.45 |
| 2016 年 6 月末 | 13 893 | 13 424 | 3.37 |
| 2016 年 9 月末 | 14 320 | 13 830 | 3.42 |
| 2016 年 12 月末 | 14 207 | 14 341 | 0.94 |
| 2017 年 3 月末 | 14 387 | 14 332 | 0.38 |
| 2017 年 6 月末 | 15 628 | 15 534 | 0.60 |
| 2017 年 9 月末 | 16 800 | 16 701 | 0.59 |
| 2017 年 12 月末 | 17 106 | 17 156 | 0.29 |

资料来源：国家外汇管理局，笔者计算和整理。

2013—2017 年外债负债率安全得分如表 2 - 3 所示，2013—2017 年短期外债占外债的比重安全得分如表 2 - 4 所示。本研究根据全口径外债数据得出每年的外债负债率，从表 2 - 3 中可以看出 2013—2015 年以及 2017 年我国的负债率落在第三个区间，即（12.5％，20.0％]；2016 年的负债率落在（5.0％，12.5％]的区间内，其分别对应的插值法公式为：

$$\frac{a-12.5}{20.0-a}=\frac{y-100}{60-y} \quad 和 \quad \frac{a-5.0}{12.5-a}=\frac{y-60}{100-y}$$

其中 a％为外债负债率，y 为安全得分。

表 2 - 3　　　　　　　　　2013—2017 年外债负债率安全得分

| 年份 | 2013 | 2014 | 2015 | 2016 | 2017 |
|---|---|---|---|---|---|
| 全口径外债（亿美元） | 14 776 | 17 799 | 14 162 | 14 207 | 17 106 |
| 国内生产总值（亿美元） | 96 350.26 | 105 345.27 | 111 584.57 | 113 820.57 | 120 157.20 |
| 外债负债率 | 15.3％ | 16.9％ | 12.7％ | 12.5％ | 14.2％ |
| 安全得分 | 85 | 77 | 99 | 100 | 91 |
| 安全类型 | 安全 | 基本安全 | 安全 | 安全 | 安全 |
| 外债负债率（外币外债） | 9.0％ | 8.6％ | 6.8％ | 8.2％ | 9.5％ |
| 安全得分（外币外债） | 81 | 79 | 70 | 77 | 84 |
| 外债负债率（本币外债） | 6.3％ | 8.3％ | 5.9％ | 4.3％ | 4.7％ |

资料来源：笔者计算和整理。

表 2 - 4　　　　　　　　　2013—2017 年短期外债占外债的比重安全得分

| 年份 | 2013 | 2014 | 2015 | 2016 | 2017 |
|---|---|---|---|---|---|
| 短期外债（亿美元） | 6 766 | 6 834 | 9 206 | 8 709 | 10 990 |
| 外债（亿美元） | 8 632 | 8 955 | 14 162 | 14 207 | 17 106 |
| 短期外债／外债 | 78％ | 76％ | 65％ | 61％ | 64％ |
| 安全得分 | 62 | 66 | 78 | 81 | 78 |
| 安全类型 | 基本安全 | 基本安全 | 基本安全 | 安全 | 基本安全 |

资料来源：国家外汇管理局，笔者计算和整理。

之前年份的《中国经济安全年度报告》在计算外债负债率时均使用的是外币外债，本次报告将二者进行对比，发现除 2014 年外，其余年份由全口径外债计算所得的外债负债率的安全得分要高于仅由外币外债计算所得的外债负债率的安全得分，说明绝大多数年份中人民币外债的存在提高了我国经济安全条件中财政金融领域的安全性，但是 2014 年，人民币外债突然增多，反而降低了财政金融领域的安全性。

自 2014 年年末至 2016 年第一季度，是我国企业对外债务去杠杆的阶段，我国的非储备金融账户由资本流入转为资本流出，从表 2-4 中可以看出，2015 年和 2016 年我国外债负债率明显较低，安全得分分别为 99 分和 100 分。除受国内"去杠杆"的影响之外，高哲理和尹振涛（2017）认为对人民币的贬值预期以及对外贸易出口的萎缩在外债去杠杆的过程中也发挥着重要的作用。

当存在人民币贬值预期时，持有外币外债的国内债务人未来将面临一定的汇兑损失，因此倾向于减少对外币借贷的需求并且主动偿还外债的动机明显增强；而持有人民币资产的国外债权人也会因避免汇兑损失而倾向于减少持有人民币资产。综上所述，当存在人民币贬值预期时，外债规模将会减少。

根据国家外汇管理局公布的外债数据，其中美元债务在外币登记外债余额中的占比均不低于 80%，因此人民币兑美元汇率是影响外债规模的主要汇率因素。2015 年人民币兑美元汇率受"811 汇改"、美元加息、中国经济增速下滑以及资本流出规模增加的影响，市场普遍形成了人民币贬值的预期，自 2015 年 8 月起至 2016 年末，人民币兑美元的汇率收盘价累计贬值 9.11%。国际收支平衡表显示，从 2016 年第二季度开始，我国非储备金融账户由负转正（如图 2-1 所示），资本流动方向发生逆转，但是从表 2-3 中可以看出 2016 年我国的外债负债率（外币外债）有所提升，而外债负债率（本币外债）依旧在下降。据国家外汇管理局统计，2016 年我国人民币外债相较于 2015 年减少 1 690 亿美元，而外币外债则增加了 1 735 亿美元。因此，尽管自 2016 年第二季度起，我国跨境资本流向出现了逆转，但是出于人民币贬值的预期外国投资者仍旧对持有人民币资产缺乏信心。

除人民币汇率贬值之外，贸易萎缩也是外债规模下降的原因之一。据外汇管理局统计，与贸易有关的信贷[①]占短期外债余额的比重在 2015 年、2016 年和 2017 年分别为 48%、47.5% 和 38%，由此可见，对外贸易的规模变动会在一定程度上影响外债规模变动。2015 年，全球经济总体复苏乏力，我国对外贸易进出口总额为 46 128.4 亿美元，同比下降 6.9%。2016 年，我国对外贸易进出口总额为 43 465.3 亿美元，同比下降 5.8%。由此可见，我国对外贸易在外债去杠杆的阶段处于收缩状态，在一定程度上引起了外债规模的下降。

---

① 国家外汇管理局对与贸易有关的信贷的定义如下：与贸易有关的信贷是一个较广义的概念，除贸易信贷与预付款外，它还包括为贸易活动提供的其他信贷。从定义上看，与贸易有关的信贷包括贸易信贷与预付款、银行贸易融资、与贸易有关的短期票据等。

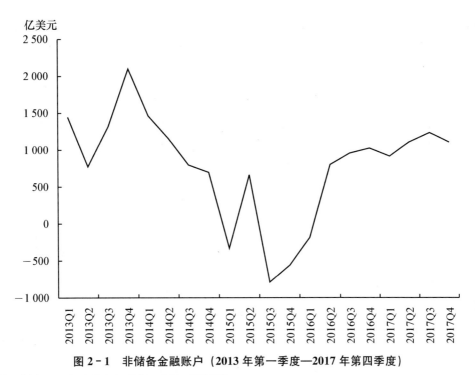

**图 2 - 1  非储备金融账户（2013 年第一季度—2017 年第四季度）**

注：图中 2013Q1 表示 2013 年第一季度，其他类推。
资料来源：国家外汇管理局。

2017 年，我国外债规模持续增长，外债负债率增长至 13.4%，安全得分略有下降，但仍处于安全类型。2017 年，我国外债增长主要是宏观经济平稳运行和政策红利释放两方面因素叠加的结果。一方面，我国国内生产总值同比增长 6.9%；对外贸易进出口总额回升至 48 001.7 亿美元，同比增长 10.4%；人民币兑美元汇率企稳回升，较 2016 年末收盘价累计升值 6.3%，这是我国外债增长的基础性因素。另一方面，全口径跨境融资宏观审慎管理政策的完善和银行间债券市场开放程度的提高使得境内主体跨境融资的便利程度不断提高。

从外债期限结构来看，2017 年，我国短期外债余额为 10 990 亿美元，较上年增长 26.2%，中长期外债余额为 6 116 亿美元，较上年增长 11.2%。短期外债占外债的比重也从 2016 年的 61% 上升至 64%，安全得分下降至 78 分，处于基本安全的状态。

总的来说，2017 年，我国外债规模虽有扩大，但两大指标的安全得分显示，外债风险处在安全可控的范围。

## 2.3  经济安全条件中的财政金融领域：2018 年预警

在对 2017 年财政金融安全条件的监测基础上，本节分别采用移动平均法和非线性回归预测法预测外债负债率和短期外债占外债的比重，计算得出 2018 年的财政金融安全条件得分以及相应的安全类型。

### 2.3.1 外债负债率预测

为了找到预测 2018 年外债负债率的适当方法，本节首先用变异系数 $\beta$ 来衡量 2013—2017 年外债负债率的平稳性。变异系数 $\beta$ 的计算公式如下：

$$\beta = s_x / \overline{x}, \quad s_x = \sqrt{\sum_{i=0}^{t} (x_i - \overline{x})^2 / t}, \quad \overline{x} = \sum_{i=0}^{t} x_i / (t+1)$$

当 $\beta \leqslant 0.3$ 时，数据可以做平稳处理。经笔者计算，2013—2017 年外债负债率（如表 2-5 所示）的变异系数 $\beta$ 约等于 0.13，因此近 5 年外债负债率的时间序列数据可以作为平稳型数据处理。

表 2-5　　　　　　　　　2013—2017 年外债负债率

| 年份 | 2013 | 2014 | 2015 | 2016 | 2017 |
|---|---|---|---|---|---|
| 外债负债率 | 15.3% | 16.9% | 12.7% | 12.5% | 14.2% |

资料来源：国家外汇管理局，笔者计算和整理。

同 2017 年报告一致，本报告采用移动平均法来预测 2018 年的外债负债率。我们以 2017 年为基年，对 2013—2017 年赋予的权重分别为 0.05、0.075、0.125、0.25 和 0.5。因此，2018 年外债负债率的预测公式为：

$$y_{2018} = 0.5 \times y_{2017} + 0.25 \times y_{2016} + 0.125 \times y_{2015} + 0.075 \, y_{2014} + 0.05 \times y_{2013}$$

经笔者计算，2018 年我国外债负债率为 13.8%，与 2017 年的外债负债率接近，安全得分为 93 分，处于"安全"区间内。

### 2.3.2 短期外债占外债的比重预测

根据表 2-6，本节画出了短期外债占外债的比重在 2013—2017 年的折线图，如图 2-2 所示。

表 2-6　　　　　　　　2013—2017 年短期外债占外债的比重

| 年份 | 2013 | 2014 | 2015 | 2016 | 2017 |
|---|---|---|---|---|---|
| 短期外债占外债的比重 | 78% | 76% | 65% | 61% | 64% |

资料来源：国家外汇管理局。

从图 2-2 中可以看出，短期外债占外债的比重总体呈现出先下降后上升的非线性趋势，可以考虑采用非线性回归预测法预测 2018 年短期外债占外债的比重。由于该折线图类似于一个开口向上的抛物线，因此本节采用的非线性回归方程为：

$$y=ax^2+bx+c+\varepsilon$$

其中 $x$ 代表年份的自然对数值，$y$ 代表短期外债占外债的比重。笔者使用 Matlab 软件得出样本回归方程如下：

$$y=4\,939\,004.1-4\,897.871x+1.214\,285\,7x^2$$

将 $x=2018$ 代入样本回归方程，得到 2018 年我国短期外债占外债的比重约为 65.2%。

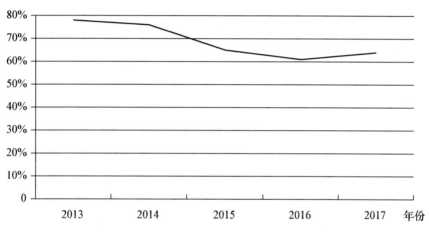

**图 2-2　2013—2017 年短期外债占外债的比重折线图**

资料来源：表 2-6。

相较于 2017 年，2018 年我国短期外债在全口径外债余额中的比重上升，数值落入 45%～80% 区间内，经计算，该指标的安全得分为 75 分，安全类型为"基本安全"。

## 2.4　小结与思考

从现实状况来看，目前世界经济增长正处于上行阶段，国际上宽松的金融环境将为我国两大债务指标在 2018 年的继续回升起到支撑作用。国际货币基金组织（IMF）的《世界经济展望（2017）》报告称 2018 年全球经济增长率将达 3.7%，较 2017 年高 0.1%。全球经济的恢复带动了国际贸易的复苏，因此我国未来与贸易有关的信贷将会增加。虽然 2018 年全球经济持续恢复，但是发达经济体与新兴市场国家之间经济增长率的差距却有扩大的趋势。据估计，2018 年发达国家的经济增长率预期为 2.0％，较 2017 年下降 0.2％，新兴市场国家 2018 年的经济增长率为 4.9％，较 2017 年增加 0.3％，二者之间经济增长率的差距也由 2017 年的 2.4％扩大到 2018 年的 2.9％，这会导致流向新兴市场国家的国际资本增加，特别是以直接投资形式表示的国际资本。然而我国的国际投资头寸表显示，以债权形式表示的直接投资仅占 8％左右。所以经济增长率之间的差距扩大所带来的债务水平的上升是有限的。研究表明，国际资本流动中的债务资本流动对外部利率变化更加敏感。2017 年初，以"双支柱"逆周期宏观审慎调控框架的引入为标志，中国的货币和金融政策明显趋严，长端利率回升。因此中美之间利差的扩大将有利于我国外债总额的增加。同时《世界经济展望（2017）》报告称 2018 年欧洲和日本的货币政策将一直保持宽松状态，新兴市场国家中，巴西、印度和俄罗斯将会考虑实行更加宽松的货币政策。而我国将继续实行稳健宽松的货币政策，因此中外利差的扩大将会导致我国未来外债规模上升。

除了上述外部宏观金融条件的变化有利于我国未来外债规模的上升，国内相关政策也会促使未来国际资本流入，外债规模增加。首先是金融市场的对外开放，2017 年 7 月"债券通"正式开通，这是我国对外开放债券的一个里程碑。"债券通"的对外开放将减少外国投资者购买我国债券的成本，增加便利性。其次是构建了全口径跨境融资宏观审慎管理框架。2017 年 1 月中央银行发布了《关于全口径跨境融资宏观审慎管理有关事宜的通知》，完善了跨境融资审慎监管。郭松（2018）认为，从微观的角度来看这一政策降低了国内企业外部融资的成本，提高了境内机构借用外债的灵活性和便利性；从宏观的角度来看，这一政策促进了跨境资金的流入，使我国的全口径外债保持增长态势。但是，外债规模增加时，如果管理不当，会产生潜在的风险。因此，郭松（2018）认为健全跨境融资宏观审慎管理框架，应当以银行等信贷类金融机构为重点，以实施资产负债管理为中心，通过对外汇头寸加以限制，对外币负债和对外或有负债收取准备金等审慎性的手段，防止银行外汇资产和负债规模过度扩张及期限结构错配，减缓外债资金和负债规模过度扩张及期限结构错配，减缓外债资金波动对外汇市场和货币环境造成负面影响。

2018 年的国际经济环境仍存在一些减少我国外债规模的因素。2018 年 3 月，美国总统特朗普签署备忘录，宣布对来自中国 600 亿美元的进口商品加征关税；7 月又对 2 000 亿美元进口商品加征关税。中美贸易摩擦升级，这将影响未来中美贸易规模，从而减少与贸易相关的信贷规模。同时，国际金融市场波动率增加以及美元指数存在反弹的可能性将会导致外债规模的减少。

但是根据 2018 年预警的数据结果（如表 2-7 所示）来看，衡量我国经济安全条件之财政金融领域的指标均处于安全可控的范围。

表 2-7　　　　　　经济安全条件之财政金融领域 2017 年监测与 2018 年预警

| 指标 | 2017 监测得分 | 2017 安全状态 | 2018 预警得分 | 2018 安全状态 |
| --- | --- | --- | --- | --- |
| 外债负债率 | 91 | 安全 | 93 | 安全 |
| 短期外债/外债 | 78 | 基本安全 | 75 | 基本安全 |

资料来源：笔者计算。

从 2017 年和 2018 年我国外债负债率变化的情况来看，全口径外债总额的增长基本与我国经济增长情况相适应；但是短期外债占外债的比重呈上升趋势。虽然短期外债占外债的比重这一指标目前处于基本安全状态，且我国目前外汇储备充足，即使未来出现大规模的资本外逃也不会导致危机的发生，但是资本外逃引发的外汇储备减少、人民币贬值、企业债务负担加重等一系列问题仍需引起警惕。

由于数据的不可得性和数据质量的不可保证性，本部分就不做国别分析了。

【执笔人：杨雅鑫】

# 第 3 章　经济安全条件之实体产业领域

**摘要:**实体经济的发展是国家综合国力上升和物质生产水平提高的基础,其安全状况直接决定了我国经济发展的安全。本章从外贸和外资两个方面选取了四个指标来评估我国实体产业 2017 年安全状况,并对 2017 年安全形势进行预判,外贸方面关注贸易依存度和出口集中度,外资方面关注七大关键产业外资加权市场占有率和品牌外产比。此外,由于实体产业范畴的界定一直存在分歧,我们首先明确国家经济安全所研究的实体产业主要指工业,特别是制造业,故报告主要围绕货物贸易和工业领域外商投资情况展开分析。

2017 年经济安全条件中实体产业领域的安全得分为 75.9 分,处于基本安全状态。通过对中国的几大出口对象国美国、日本、德国的分国别分析,其造成的不安全得分分别为 4.64 分、3.14 分、1.64 分。通过对 2018 年的各项指标进行预测,得到 2018 年的安全得分为 74.92 分,处于基本安全状态。2018 年进口和出口规模仍将进一步扩大,贸易依存度将有所提高。虽然吸收外资的速度不会放缓,但其增长速度慢于整体投资速度,可能会使外资市场占有率和品牌外产比进一步降低。

## 3.1　经济安全条件中的实体产业领域

经济安全条件是指外部因素对一国经济安全的影响,侧重于一国经济发展过程中外部环境所带来的挑战。本节先对实体企业的概念和范围进行界定,然后介绍全球实体产业发展格局,最后引出度量实体产业领域经济安全条件的指标。通过分析各项安全指标，对我国实体产业领域经济安全条件状况形成深入认识。

## 3.1.1　实体产业的界定

学术界对于实体经济并未有一个统一的界定，通常来说，实体经济是指关乎货物与服务实际生产的经济部门，与虚拟经济相对。按照传统观点，实体产业主要是指直接进行物质生产的第二产业，主要包括采矿业、制造业、水电燃气生产和供应业、建筑业等。更加广义的说法是，实体产业应当包括第一产业、第二产业以及去除金融和房地产以外的第三产业。

本报告关注的是实体产业中的核心产业，即工业，尤其是制造业。制造业发展对于实体经济发展具有重要导向作用，这从第二产业占我国 GDP 比重不难看出。尤其对于中国这样一个目前以制造业为主的经济体而言，实体产业安全尤为重要。虽然各个地方政府纷纷响应"去产能"号召，但这并不等价于"去工业化"，并不意味着"脱实向虚"。相反，以工业制造为核心的实体经济仍是中国经济发展的一大推动力。我国要实现工业化依然有很长一段路要走，眼下，实体经济遇到的困难，我们必须主动适应，让"中国制造"变为"中国智造"。

## 3.1.2　全球实体产业发展格局

2017 年，全球经济在危机中缓步上升。根据国际货币基金组织发布的数据，2017 年全球实际 GDP 增长率为 3.6%，全球制造业增加值也呈现缓慢增长趋势。根据世界银行统计数据，按现价美元计算，全球制造业增加值在 2015 年达到 12.15 万亿（如图 3-1 所示）。2016 年以来，尽管制造业增加值增速有所回升，但其占 GDP 比重下滑的趋势没有根本扭转，制造业增长对 GDP 增长的贡献率仍然呈下降趋势。不同国家和地区制造业对经济增长的贡献情况也有很大差别，中国和韩国制造业增加值占比远高于世界其他国家和地区，占到 30% 以上；德国、日本和印度的占比也高于世界平均水平；但美国、英国、法国等国的都低于世界平均水平，占比仅为 10% 左右（如图 3-2 所示）。

德勤有限公司（德勤全球）携手美国竞争力委员会联合发布的 2016 全球制造业竞争力指数报告称，2016 年中国制造业在全球的竞争力依然排名第一。同时，预计未来五年内，美国有望超越中国成为全球最具竞争力的制造业大国，届时中国将屈居第二。全球制造业竞争力和经济市场的转移加上个别区域优势的变化，围绕着实力最强的制造业国家，形成了三大主导区域集群——北美、欧洲和亚太地区，并引发了争夺制造业霸权的持续竞争。在北美，美国是加拿大和墨西哥的轴心。事

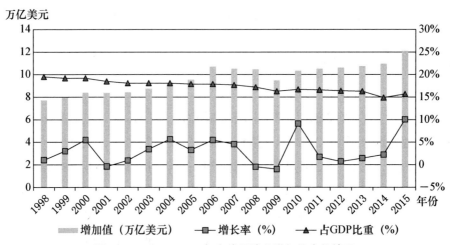

图 3-1　1998—2015 年全球制造业增加值变化情况

注：2015 年增长率为名义增长率。
资料来源：世界银行。

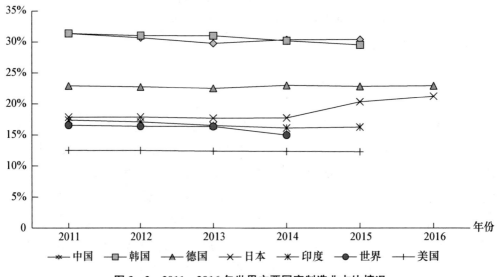

图 3-2　2011—2016 年世界主要国家制造业占比情况

资料来源：世界银行。

实上，类似的情况同样发生在欧洲，德国起着轴心作用，而在亚太集群中，中国、日本和韩国引领新兴东盟国家。总体来说，欧洲国家落后于亚太和北美地区，因为它们正处于缓慢的经济复苏中，并期待德国和英国带领它们，推进该区域的发展。

### 3.1.3　实体产业安全条件评估指标体系

评估实体产业外部条件安全状况，是从本国产业对外依存程度或者其他国家对本国产业的控制程度出发。因此，本报告选取了贸易依存度和出口集中度来度量我国实体安全条件中的外贸依存情况，选取了七大关键产业外资加权市场占有率和品牌外产比来度量外资控制情况。各评价指标和各评价指标警限值及其对应的安全得分情况如表 3-1 和表 3-2 所示。

表 3-1　　　　　　　　　　实体产业安全条件评价指标体系

| | 指标 | 权重 |
|---|---|---|
| 外贸依存情况 | 贸易依存度 | 40% |
| | 出口集中度 | 20% |
| 外资控制情况 | 七大关键产业外资加权市场占有率 | 20% |
| | 品牌外产比 | 20% |

资料来源：顾海兵，张敏. 中国经济安全研究：五大误区与辩证方法论反思［J］. 经济学动态，2017（2）.

表 3-2　　　　　　　　　　实体产业安全条件各评价指标警限值

| 指标 | 下警限 | 上警限 | 安全区间与安全得分 | |
|---|---|---|---|---|
| 贸易依存度 | 10% | 50% | 0～10% | 0～60 |
| | | | 10%～30% | 60～100 |
| | | | 30%～50% | 100～60 |
| | | | 50%～100% | 60～0 |
| 出口集中度 | — | 40% | 0～20% | 100～80 |
| | | | 20%～40% | 80～60 |
| | | | 40%～100% | 60～0 |
| 七大关键产业外资加权市场占有率 | 10% | 30% | 0～10% | 0～60 |
| | | | 10%～20% | 60～100 |
| | | | 20%～30% | 100～60 |
| | | | 30%～100% | 60～0 |
| 品牌外产比 | 5% | 15% | 0～5% | 0～60 |
| | | | 5%～10% | 60～100 |
| | | | 10%～15% | 100～60 |
| | | | 15%～100% | 60～0 |

资料来源：顾海兵，张敏. 中国经济安全研究：五大误区与辩证方法论反思［J］. 经济学动态，2017（2）.

## 3.2　经济安全条件中的实体产业领域：2017 年监测

2016 年，全球制造业发展趋势不断变化，新技术不断出现。随着技术进步和消费者需求提升，制造业开始从规模化批量生产向定制化服务转变。制造业的商业模式已从以产品为主转为以客户为主。全球制造业发展开始呈现出由规模化生产向定制化生产，由传统生产向智能化和信息化生产，由粗放生产向可持续化生产转变的趋势。同时，特朗普上台后极力推行的"制造业回流"以促进国内就业的政策，加速了全球制造业的转移。中国、巴西、捷克、俄罗斯等低成本经济体的成本竞争力正在下降，捷克和俄罗斯的制造业成本也已逼近美国。相反，美国等原先的高成本经济体则凭借稳定的汇率及薪资增长率逐渐形成相对成本优势。中低端制造领域，如部分东南亚、非洲国家则凭借低廉劳动力而获得生产优势，部分高端制造业领域则因为中国等过去主要的制造基地成本快速增加而呈现向发达国家回流的现象。总体来说，2017 年我国实体产业面临的外部形势依然较为严峻。下面分别从对外贸易和利用外资情况出发，分析 2017 年我国实体产业安全面临的外部安全条件。

### 3.2.1　对外贸易状况 2017 年监测分析

根据中经网提供的数据，2017 年我国对外贸易仍然保持较高顺差，进出口总额相较于 2016 年有所提升，缓解了近几年进出口总额持续下滑趋势。2017 年，我国货物进出口总额为 277 923 亿人民币，比 2016 年上升 11.4%。其中进口总额 12.5 万亿人民币，同比上升 16.0%，出口总额 15.3 万亿人民币，同比上升 10.9%。贸易顺差 2.8 万亿人民币，相较去年 3.4 万亿人民币，减少了 6 000 亿人民币。根据国家统计局的数据，2017 年 GDP 总额为 827 121.7 亿元人民币，由此计算 2017 年我国的贸易依存度为：277 923/827 121.7＝33.6%。

2017 年，我国最大的四个贸易伙伴依旧是美国、日本、韩国和德国。根据中国海关总署公布的统计数据，2017 年，我国出口总额约为 22 635 亿美元，我国向这四个国家的货物出口总额约为 7 410 亿美元，其中美国 4 297.6 亿美元、日本 1 373.3 亿美元、韩国 1 027.7 亿美元和德国 711.5 亿美元。与 2016 年相比，我国对其出口在 2017 年有了显著增长。对美国和德国出口分别增长 14.5 个和 12 个百分点，对日本提高 9 个百分点，而对韩国出口则上升了 12 个百分点。总体来说，我国出口集中程度呈现进一步提高的趋势，根据前四大出口对象国的数据计算得 2017 年我国出口集中度为：7 410/22 635 ＝ 32.7%。表 3 - 3 和图 3 - 3 显示了

2013—2017 年我国经济增长和对外贸易的基本情况。

表 3 - 3　　　　　　　　中国贸易安全数据（2013—2017 年）

| | 2013 年 | 2014 年 | 2015 年 | 2016 年 | 2017 年 |
|---|---|---|---|---|---|
| GDP（亿美元） | 91 814 | 103 548 | 103 856 | 112 028 | 122 174 |
| 贸易总量（亿美元） | 41 603 | 43 030 | 39 586 | 36 849 | 41 045 |
| 出口总量（亿美元） | 22 100 | 23 427 | 22 766 | 20 974 | 22 635 |
| 前四大出口国 | 美日韩德 | 美日韩德 | 美日韩德 | 美日韩德 | 美日韩德 |
| 前四大出口总和（亿美元） | 6 772.5 | 7 104.3 | 7 075.5 | 6 732.4 | 7 410.1 |
| 贸易依存度（%） | 453 | 378 | 363 | 329 | 336 |
| 出口集中度（%） | 306 | 303 | 277 | 321 | 327 |

资料来源：中国国家统计局、中国海关总署、国家外汇管理局。

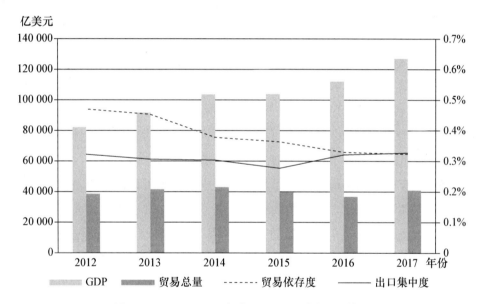

图 3 - 3　2012—2017 年我国 GDP 和对外贸易情况

资料来源：根据历年国民经济和社会发展统计公报整理。

　　根据以上计算结果，再结合表 3 - 2 中指标警限与对应的安全得分，利用插值法即可计算 2017 年我国对外贸易的安全得分。2017 年我国贸易依存度为 33.6%，依旧落在了 30%～50% 的安全区间，根据插值法计算原理，2017 年我国贸易依存度的安全得分为 93 分，比 2016 年降低了 1 分。2017 年我国出口集中度为 32.7%，与上一年得分相近。表 3 - 4 显示了近五年我国贸易状况安全得分的变化情况。

表 3 - 4 　　　　　　　2013—2017 年我国贸易依存度与出口集中度的安全状态

| 年度 | 贸易依存度 | | 出口集中度 | |
|---|---|---|---|---|
| | 安全得分 | 安全类型 | 安全得分 | 安全类型 |
| 2013 | 67 | 基本安全 | 67 | 基本安全 |
| 2014 | 83 | 安全 | 67 | 基本安全 |
| 2015 | 88 | 安全 | 70 | 基本安全 |
| 2016 | 94 | 安全 | 68 | 基本安全 |
| 2017 | 93 | 安全 | 68 | 基本安全 |

资料来源：笔者计算。

### 3.2.2 外资控制状况 2017 年监测分析

　　根据中华人民共和国商务部网站商务数据中心发布的数据，2017 年，我国吸收外商投资的速度进一步加快，全年新设立外商投资企业数较于 2016 年有了较大增长，共 35 652 家（不含银行、证券、保险），比 2016 年增长 27.8%。2016 年实际使用外资金额为 1 260.01 亿美元，2017 年为 1 310.35 亿美元，同比增长 4%，其中 2017 年信息传输、计算机服务和软件业实际使用外商直接投资 209.18 亿美元，占比 16%，相较 2016 年的 85 亿美元，提高了 146%。信息传输、计算机服务和软件业作为产业链的高端环节，是当前外商投资最主要的方向。

　　外资进入有利于我国部分资金不足的企业成长，还可以通过引进资金来引进先进技术、知识和管理经验，促进我国经济发展。但是外资引进过多将对某些产业形成控制权，对我国经济安全造成威胁。顾海兵、张敏在《中国经济安全年度报告：监测预警2017》中提出：外资对东道国产业形成控制的方式有两种，普遍做法是通过对东道国企业注资获得控制权，更直接的做法是成立新企业，创立外资品牌。通常，外资公司凭借其多年运营经验和营销推广能力，树立高质量品牌形象，甚至将其产品塑造为身份和地位的象征，令消费者争相购买，挤占大量市场份额，特别是高端市场，对民族品牌发展造成极大冲击。因此，本报告中加入对外资品牌实力的衡量，选择品牌外产比，即外资品牌产值的比重来反映国内市场上跨国公司的竞争实力。

　　首先来分析外商投资企业在我国的市场占有率即外商投资企业的销售收入占全部工业企业销售收入的比重。我们选择了七个在国民经济中占有重要地位的产业，包括石油与天然气开采业，石油加工、炼焦及核燃料加工业，化学原料及化学制品制造业，通用设备制造业，专用设备制造业，交通运输设备制造业，以及计算机、通信和其他电子设备制造业。表 3 - 5 是 2007 年以来外资市场占有率情况。

表 3-5　　　　　　　2007—2016 年中国七大关键产业外资加权市场占有率　　　　　　（％）

| 年度 | 石油与天然气开采业 | 石油加工、炼焦及核燃料加工业 | 化学原料及化学制品制造业 | 通用设备制造业 | 专用设备制造业 | 交通运输设备制造业 | 计算机、通信和其他电子设备制造业 | 外资加权市场占有率 |
|---|---|---|---|---|---|---|---|---|
| 2007 | 7.20 | 14.89 | 27.85 | 27.62 | 27.14 | 45.67 | 84.26 | 43.21 |
| 2008 | 8.24 | 13.36 | 26.79 | 25.52 | 27.14 | 44.98 | 81.42 | 40.46 |
| 2009 | 6.96 | 13.19 | 25.50 | 22.70 | 24.24 | 44.81 | 78.15 | 38.99 |
| 2010 | 6.86 | 13.57 | 26.26 | 22.85 | 24.82 | 44.58 | 77.57 | 38.59 |
| 2011 | 6.27 | 12.51 | 26.15 | 22.58 | 23.31 | 44.48 | 76.45 | 37.26 |
| 2012 | 5.45 | 12.13 | 23.81 | 26.33 | 20.32 | 40.75 | 73.97 | 36.52 |
| 2013 | 6.15 | 11.24 | 22.93 | 25.18 | 19.81 | 35.12 | 71.92 | 35.47 |
| 2014 | 5.71 | 11.42 | 22.92 | 25.09 | 19.22 | 42.72 | 68.34 | 32.32 |
| 2015 | 6.18 | 10.53 | 21.56 | 23.26 | 17.49 | 40.10 | 62.11 | 31.54 |
| 2016 | 6.41 | 10.16 | 21.00 | 22.59 | 16.50 | 47.20 | 56.86 | 31.58 |

资料来源：国研网数据库、国家统计局。

从表 3-5 可以看出，2016 年七大关键产业外资市场占有率与往年基本持平，波动不大。2017 年相关数据尚不完善，但可以根据历史数据进行估计，2007—2016 年七大关键产业外资加权市场占有率从 43.21％下降到 31.58％，降幅 27％。从近两年外资加权市场占有率较为稳定这一现状看来，可以推测 2017 年的外资加权市场占有率约为 31.6％。这一数字略高于 30％的警戒线，按照插值法可求得 2017 年该指标的安全得分约为 60 分，进入基本安全范围。

考虑到我国的统计年鉴中对于外资工业企业、外商投资工业企业等数据收集可能存在的口径不同问题，在计算品牌外产比时，应看外资工业企业的产值占当年全部工业企业产值的比重。表 3-6 是 2010—2016 年我国工业企业总产值和不同统计口径外资工业企业、外商投资工业企业外商及港澳台商投资工业企业产值及其所占比重。

表 3-6　　　　　　2010—2016 年中国工业企业总产值、外资产值及外资产值比重

| 年度 | 全部工业企业 | 外资工业企业 | | 外商投资工业企业 | | 外商及港澳台商投资工业企业 | |
|---|---|---|---|---|---|---|---|
| | 产值（亿元） | 产值（亿元） | 占比（％） | 产值（亿元） | 占比（％） | 产值（亿元） | 占比（％） |
| 2010 | 684 735.20 | 59 824.64 | 8.74 | 122 626.13 | 17.91 | 186 421.56 | 27.23 |
| 2011 | 827 796.99 | 68 046.63 | 8.22 | 139 200.06 | 16.82 | 214 716.87 | 25.94 |
| 2012 | 909 797.17 | 69 080.82 | 7.59 | 139 772.05 | 15.36 | 219 943.34 | 24.17 |
| 2013 | 1 019 405.30 | 74 061.35 | 7.27 | 152 921.96 | 15.00 | 241 273.17 | 23.67 |
| 2014 | 1 092 197.99 | 74 838.77 | 6.85 | 156 509.86 | 14.33 | 250 880.74 | 22.97 |

续前表

| 年度 | 全部工业企业 | 外资工业企业 | | 外商投资工业企业 | | 外商及港澳台商投资工业企业 | |
|---|---|---|---|---|---|---|---|
| | 产值（亿元） | 产值（亿元） | 占比（%） | 产值（亿元） | 占比（%） | 产值（亿元） | 占比（%） |
| 2015 | 1 104 026.70 | 72 162.45 | 6.54 | 148 427.55 | 13.44 | 245 422.94 | 22.23 |
| 2016 | 1 191 950.07 | 72 431.52 | 6.08 | 150 407.93 | 12.62 | 248 644.78 | 20.86 |

资料来源：国家统计局。

可以看到，自2010年以来工业领域外资工业企业产值所占比重呈持续下降的趋势。一方面表明本土企业生产能力和市场容量的不断提高，一方面表明外资品牌对工业领域冲击性的减弱。通过这种发展趋势，根据固定增长率法，由于近两年品牌外产比较为稳定的趋势，可以推测2017年的品牌外产比约为5.7%，再利用插值法可得2017年该指标的安全得分为65.6，属于基本安全范围。

### 3.2.3　实体产业领域2017年监测结果

按照各指标权重进行加总，可以得到2017年经济安全条件中我国实体产业领域的安全得分为 $93\times0.4+68\times0.2+60\times0.2+65.6\times0.2\approx75.9$ 分，处于基本安全范围。虽然整体情况处于基本安全范围，但是各项指标所反映的安全状况差异较大。在对外贸易方面，虽然我国贸易依存度处于十分安全的水平，但出口地区结构单一，国际贸易摩擦问题不容忽视。外资方面，预计七大关键产业外资加权市场占有率以及品牌外产比两项指标在2017年都呈下降趋势。其中，七大关键产业外资加权市场占有率在近几年开始逐步向基本安全区域靠近，也许是受到发达国家的再工业化或制造业回流战略的影响。品牌外产比的降低也说明我国制造业水平进一步提高，能够满足更加多样化的需求。

《中国经济安全年度报告：监测预警2017》中对2017年实体产业安全条件进行了预警，认为2017年我国实体产业的外部条件基本安全，得分约为76分。2017年监测结果与2017年预警结果基本接近，得分仅相差不到1分，见表3-7。各项指标与2017年预警结果相差无几。

表3-7　　　　　实体产业安全条件2017年预警与2017年监测结果

| 指标 | 2017 预警 | | 2017 监测 | |
|---|---|---|---|---|
| | 安全得分 | 安全状态 | 安全得分 | 安全状态 |
| 贸易依存度 | 91 | 安全 | 93 | 安全 |

续前表

| 指标 | 2017 预警 | | 2017 监测 | |
|---|---|---|---|---|
| | 安全得分 | 安全状态 | 安全得分 | 安全状态 |
| 出口集中度 | 68 | 基本安全 | 68 | 基本安全 |
| 七大关键产业外资加权市场占有率 | 63 | 基本安全 | 60 | 基本安全 |
| 品牌外产比 | 66 | 基本安全 | 65.6 | 基本安全 |
| **合计** | **76** | **基本安全** | **75.9** | **基本安全** |

资料来源：笔者计算。

## 3.3　经济安全条件中的实体产业领域：国别分析

在贸易依存和贸易控制方面，对我国实体产业产生重大影响的国家比较集中。根据中国商务部和海关总署的统计数据，2017 年，前十位国家进出口总额和实际投入资金占当年中国贸易总额和实际使用外资的比重分别为 47.4% 和 18.8%。美国、日本、韩国和德国既是中国最大的四个贸易伙伴和出口对象国，也是继新加坡之后第二至第五大资金来源国。根据国别分析法，可以求出各个国家对中国经济安全的影响程度。我们选择分析美国、日本和德国对中国实体产业安全的影响，它们分别是北美洲、亚洲和欧洲对中国经济影响最大的三个国家。最终对我国实体产业经济不安全得分分别为 4.64 分、3.14 分和 1.64 分。下面，对各国的具体情况进行说明。

### 3.3.1　美国对中国实体产业安全的影响

近 40 年来，中美两国贸易规模增长了 232 倍，2017 年达到 5 800 亿美元，双向投资累计超过 2 300 亿美元。据中国海关总署统计，2017 年中美双边货物进出口总额为 5 800 多亿美元，同比上升 12.3%。美国是中国最大的出口对象国，2017 年中国向美国出口总额为 4 300 亿美元，同比上升 11.5%。美国对中国出口的主要商品为运输设备、机电产品、化工产品和植物产品，美国自中国进口的商品则以机电产品为主，其次是家电、玩具、纺织品原料等。图 3-4 是 2010—2017 年中美双边进出口总额及其占中国进出口总额的比重、中国向美国出口总额及其占前四大出口对象国出口总额的比重。按照国别分析法，可计算出 2017 年美国对于中国经济不安全因素的贡献。

根据中国商务部统计，2017 年美国对华直接投资 31.3 亿美元，比 2016 年下降了约 18%。美国是继新加坡、日本和韩国之后的第四大投资国。2017 年中国吸收外商直接投资约 314.3 亿美元。图 3-5 是 2010—2017 年我国实际利用美国投资金额及其在全部实际利用外资中的比重。考虑到缺少七大关键产业美资企业的销售收入和美资工业企业产值数据，从而使用上述两种比重来计算美国投资对我国实体产业安全的影响程度，最终计算结果如表3-8所示。

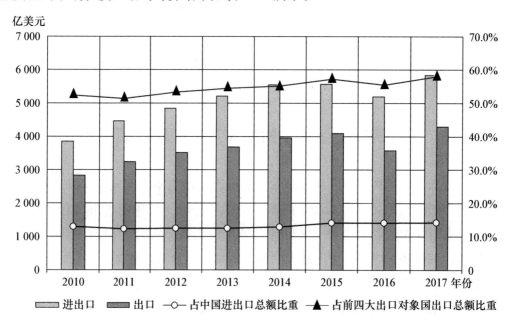

图 3-4　2010—2017 年中美双边贸易情况

资料来源：中国海关总署。

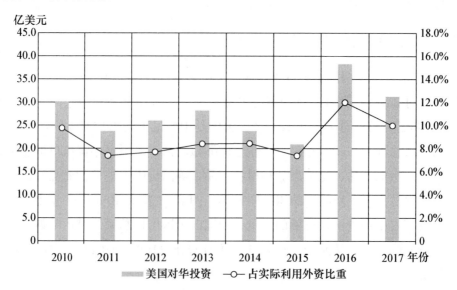

图 3-5　2010—2017 年美国对华投资情况

资料来源：中国商务部。

表 3-8　　　　　　　　　美国对中国实体产业安全的影响情况

| 指标 | 贸易<br>依存度 | 出口<br>集中度 | 七大关键产业外资<br>加权市场占有率 | 品牌<br>外产比 | 合计 |
|---|---|---|---|---|---|
| 安全得分 | 93 | 68 | 60 | 69.6 | 76.72 |
| 不安全得分 | 7 | 32 | 40 | 30.4 | 23.28 |
| 美国所占比重 | 14.2% | 44.6% | 10.0% | 9.7% | — |
| 美国不安全得分 | 0.994 | 14.272 | 4.00 | 2.95 | 4.64 |

资料来源：笔者计算。

### 3.3.2　日本对中国实体产业安全的影响

日本与中国向来就有密切的贸易关系，虽然近年来这两个相邻的大国之间的经贸关系出现了逐渐弱化的趋势，但日本对于中国的实体产业安全仍然有着重要影响。2010—2017 年中日双边贸易和双边投资情况如图 3-6 和图 3-7 所示。

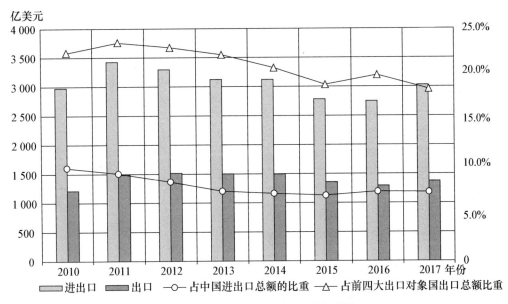

图 3-6　2010—2017 年中日双边贸易情况

资料来源：中国海关总署。

从图 3-6 中不难看出，近年来日本在中国对外贸易和外商投资方面所占比重呈逐渐下降趋势。根据中国海关总署统计，2017 年中日双边货物进出口总额为 3 029.8 亿美元，这一数字与 2016 年基本持平。2017 年日本对华直接投资 32.7 亿美元。同样，可以计算 2017 年日本在外贸和外资方面对我国实体产业的影响情况，如表 3-9 所示。

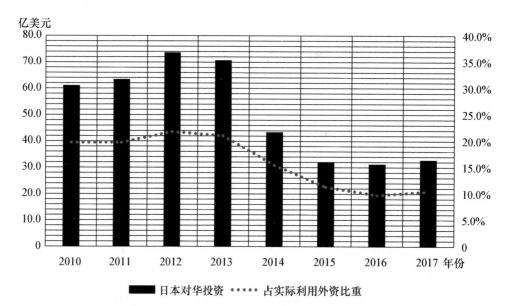

图 3-7　2010—2017 年日本对华投资情况

资料来源：中国商务部。

表 3-9　　　　　　　　　　日本对中国实体产业安全的影响情况

| 指标 | 贸易依存度 | 出口集中度 | 七大关键产业外资加权市场占有率 | 品牌外产比 | 合计 |
|---|---|---|---|---|---|
| 安全得分 | 93 | 68 | 60 | 69.6 | 76.72 |
| 不安全得分 | 7 | 32 | 40 | 30.4 | 23.28 |
| 日本所占比重 | 7.4% | 23.3% | 10.4% | 10.2% | — |
| 日本不安全得分 | 0.518 | 7.456 | 4.16 | 3.04 | 3.14 |

资料来源：笔者计算。

### 3.3.3　德国对中国实体产业安全的影响

2010—2015 年中国一直排在德国最重要贸易伙伴的前三、四位。2016 年，中国已经成为德国最重要的贸易伙伴。根据商务部的国别报告网站发布的数据，机电产品作为德国对中国出口的第一大类产品，2017 年出口额为 367.3 亿美元，增长 23.7%，占德国对中国出口总额的 37.2%。运输设备是德国对中国出口的第二大类商品，出口额 309.2 亿美元，增长 7.7%。2017 年中国是德国出口增长最快的主要市场之一，对中国出口增长幅度仅次于德国对俄罗斯 22.9% 的出口增幅。德国自中国进口的主要商品为机电产品、纺织品及原料和家具玩具杂项制品，2017 年合计进口 544.7 亿美元，占德国自中国进口总额的 67.8%。据中国商务部发布的数据统计，2017 年中国实际利用德国投资金额为 15.4 亿美元，占中国实际利用外资总额的比重为 4.9%。相较 2016 年，2017 年德国对华投资有所下降，成为中国第六大投资国。2010—2017 年中德双边贸易和德国对华投资情况如图 3-8 和图 3-9 所示，对中国实体产业安全的影响情况如表 3-10 所示。

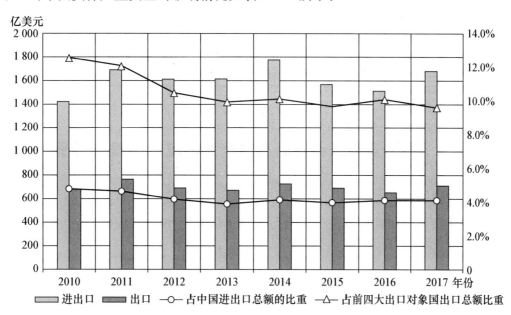

图 3-8　2010—2017 年中德双边贸易情况

资料来源：中国海关总署。

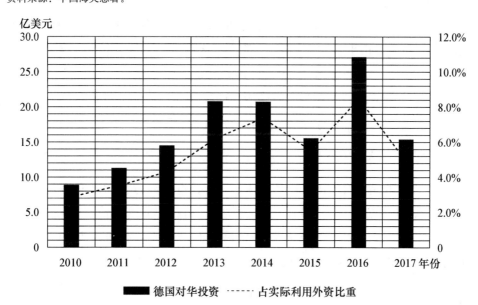

图 3-9　2010—2017 年德国对华投资情况

资料来源：中国商务部。

**表 3 - 10** 德国对中国实体产业安全的影响情况

| 指标 | 贸易依存度 | 出口集中度 | 七大关键产业外资加权市场占有率 | 品牌外产比 | 合计 |
|---|---|---|---|---|---|
| 安全得分 | 93 | 68 | 60 | 69.6 | 76.72 |
| 不安全得分 | 7 | 32 | 40 | 30.4 | 23.28 |
| 德国所占比重 | 4.1% | 13% | 4.9% | 4.9% | — |
| 德国不安全得分 | 0.29 | 4.16 | 1.96 | 1.49 | 1.64 |

资料来源：笔者计算。

## 3.4 经济安全条件中的实体产业领域：2018 年预警

借鉴以往的经济安全报告，下面采用多元线性回归分析和固定增长率法对经济安全条件中实体产业领域相关指标进行预测，从而得到我国实体产业外部条件在 2018 年的安全得分。

### 3.4.1 贸易依存度 2018 年预测

本部分将通过对 2018 年我国进出口贸易总额和 GDP 的增速分别进行预测来对 2018 年我国的贸易依存度进行预测。将我国贸易总额增速作为被解释变量 $Y$，对其产生影响的因素众多，本报告初步选取了世界 GDP（不变价格）增速 $X_1$、本国 GDP 增速 $X_2$ 和人民币平均实际有效汇率增幅 $X_3$ 等三个指标作为解释变量。因为 GDP 增速可以在一定程度上作为经济体整体的发展趋势指标，外贸规模受到人民币汇率的影响。依据 2007—2017 年的历史数据，应用 stata 软件进行多元回归分析发现，扣除不显著变量，贸易总量增速的回归方程如下：

$$Y=6.97\times X_1-0.134$$

对于 2018 年世界和中国的 GDP 增速，IMF、世界银行和 OECD 等国际权威组织都做出了预测（见表 3 - 11），三大机构的加权平均预测值分别为 3.63% 和 6.57%。由此，可以计算出 2018 年我国贸易总额增速的预测值约为 11.9%。从而可以预测 2018 年我国的贸易依存度为 (27.8×1.119)/(82.7×1.065 7)=35.3%。

**表 3 - 11** 各主要机构对于 2018 年世界和中国 GDP 增幅预测值

| 机构 | 预测时间 | 世界实际 GDP 增速 | 中国实际 GDP 增速 |
|---|---|---|---|
| IMF | 2018 年 1 月 | 3.9% | 6.6% |
| 世界银行 | 2018 年 1 月 | 3.1% | 6.3% |

续前表

| 机构 | 预测时间 | 世界实际 GDP 增速 | 中国实际 GDP 增速 |
|------|---------|-----------------|-----------------|
| OECD | 2018 年 3 月 | 3.9% | 6.8% |
| 平均 | | 3.63% | 6.57% |

资料来源：世界银行，IMF，OECD。

### 3.4.2　出口集中度 2018 年预测

要预测 2018 年我国出口集中度增速，同样需要对前四大对象国的出口总额增速和我国出口总额的增速分别进行预测。预测前四大对象国的出口总额增速时，选择以四大对象国实际 GDP 加权增速 $X_1$ 和人民币对四大对象国货币汇率加权增速 $X_2$ 作为解释变量，加权所使用的权重为当年向该国出口额占四大对象国出口总额的比重。而预测我国出口总量增速时，则以世界 GDP（不变价格）增速 $X_1$ 和人民币平均实际有效汇率增幅 $X_2$ 作为解释变量。利用 2007—2017 年的历史数据进行多元回归分析，在 1% 显著性水平上，扣除不显著变量，两个被解释变量分别存在如下相关关系：

$$前四大对象国的出口额增速：Y = 5.263 \times X_1 + 0.01$$
$$我国出口总额增速：Y = 7.65 \times X_1 - 0.134$$

主要国际组织和各国政府机构对美日韩德四国 2018 年经济增速的预测如表 3-12 所示，将各个机构的预测值进行加权平均后得到美日韩德在 2018 年的实际 GDP 增速预测值，分别为 2.76%、1.43%、2.75% 和 2.25%。再按照 2017 年各国从中国进口额的比重进行加权，得到 2018 年四大对象国实际 GDP 加权增速为 2.63%。世界实际 GDP 增速的预测值仍然取 3.63%，由此根据回归方程可以分别计算 2018 年前四大对象国出口总额增速和我国出口总额增速，分别为 14.84% 和 14.37%。从而可以预测 2018 年我国出口集中度为 $(13 \times 1.138\,4)/(41.4 \times 1.143\,7) = 31.53\%$。

表 3-12　　　　　　　　　四大出口对象国 2018 年 GDP 增速预测状况　　　　　　　　　（%）

| 国家 | IMF | 世界银行 | 美联储 | 日本央行 | 韩国央行 | 德国央行 | 平均 |
|------|-----|---------|-------|---------|---------|---------|------|
| 美国 | 2.7 | 3.1 | 2.5 | — | — | — | 2.76 |
| 日本 | 1.2 | 1.3 | — | 1.8 | — | — | 1.43 |
| 韩国 | 2.7 | — | — | — | 2.8 | — | 2.75 |
| 德国 | 2.3 | — | — | — | — | 2.2 | 2.25 |

资料来源：IMF，世界银行，以及美国、日本、韩国和德国的中央银行。

### 3.4.3　七大关键产业外资加权市场占有率和品牌外产比 2018 年预测

从每年的增长率来看，增长率的波动较为稳定，其标准差分别为 0.02 和 0.01。

因此可采用固定增长率方法对 2017 年数据进行推测。根据 2007—2017 年的数据，可以计算出七大关键产业外资加权市场占有率和品牌外产比的平均增速分别为 −3.84%和 −5.7%。从而可以预测 2018 年这两项指标的值分别为 29.13% 和 5.48%。

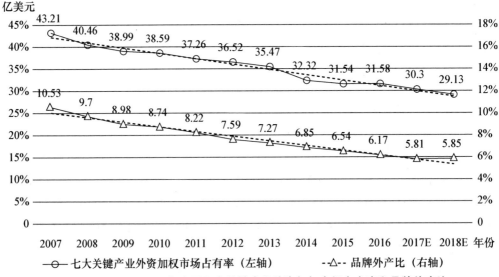

图 3-10　2007—2018 年我国七大关键产业外资加权市场占有率和品牌外产比

注：2017E、2018E 分别表示 2017 年数据、2018 年数据为预测值。
资料来源：中国商务部。

### 3.4.4　实体产业安全条件 2018 年预警结果

综合以上对各项指标的预测（见表 3-13），可以计算出各指标在 2018 年的安全得分，从而对 2018 年经济安全条件中的实体产业领域进行安全预警。总体来看，各指标在 2018 年变动幅度不大，实体产业安全水平与 2017 年基本持平。

表 3-13　　　　　经济安全条件中实体产业各项指标 2018 年预测结果

| 指标类型 | 指标名称 | 所用方法 | 预测数据 |
|---|---|---|---|
| 目标指标 | 贸易依存度 | 多元线性回归 | 35.3% |
| | 出口集中度 | 多元线性回归 | 31.53% |
| | 七大关键产业外资加权市场占有率 | 固定增长率 | 29.13% |
| | 品牌外产比 | 固定增长率 | 5.48% |
| 预测指标 | 中国贸易总额增速 | 多元线性回归 | 11.9% |
| | 世界实际 GDP 增速 | 综合 | 3.63% |
| | 中国实际 GDP 增速 | 综合 | 6.57% |
| | 中国出口总额增速 | 多元线性回归 | 14.37% |
| | 前四大对象国出口总额增速 | 多元线性回归 | 14.84% |
| | 前四大对象国实际 GDP 加权增速 | 综合 | 2.63% |

资料来源：笔者计算。

从贸易方面的角度来说，世界银行和世贸组织等机构在 2018 年均对全球实际 GDP 增幅预期进行了调整，这反映出各国的经济增长势头的加强以及 2018 年美国批准的税收政策带来的影响。根据回归模型，2018 年我国的贸易总额增速为 11.9%，超过我国实际 GDP 的预计增速 6.57%，贸易依存度将因此提升 1.5 个百分点，提升至 35.3%，对应的安全得分为 89.4，但仍属安全范围。我国向前四大对象国出口总额增速为 14.84%，略高于我国出口总额增速 14.37%，安全得分为 68.47。根据中国海关总署发布的数据，2018 年一月进出口总额为 3 808 亿美元，二月进出口总额为 3 094 亿美元，均高于 2017 年同期数据，这也印证了外贸将出现大幅扭转趋势的预测。

根据历年七大关键产业外资加权市场占有率的变动趋势，我们预计 2018 年相应值为 29.13%，大约下降 1 个百分点，安全程度提升为 63.48 分。按照固定增长率，我国的品牌外产比为 5.48%，更加逼近 5% 的下警限，安全得分 63.84。

## 3.5　小结与思考

从 2017 年监测和 2018 年预警的结果来看（见表 3 - 14），我国实体产业的外部条件处于基本安全状态，但除了贸易依存度以外，其他指标所反映的安全状况均不是很理想，需要给予必要的警惕。

表 3 - 14　　　　经济安全条件中的实体产业领域 2017 监测与 2018 预警

| 指标 | 2017 监测得分 | 2017 安全状态 | 2018 预警得分 | 2018 安全状态 |
|---|---|---|---|---|
| 贸易依存度 | 93 | 安全 | 89.4 | 安全 |
| 出口集中度 | 68 | 基本安全 | 68.47 | 基本安全 |
| 七大关键产业外资加权市场占有率 | 60 | 基本安全 | 63.48 | 基本安全 |
| 品牌外产比 | 65.6 | 基本安全 | 63.84 | 基本安全 |
| **合计** | **75.9** | **基本安全** | **74.92** | **基本安全** |

资料来源：笔者计算。

目前，我国的贸易依存度处于比较理想的状况，出口集中度也从高于 40% 的不安全水平逐步降低至基本安全水平。这两项指标的安全状态也部分由于全球进出口贸易自金融危机之后规模的减小。从各机构对于 2018 年全球经济的利好情况来看，各国之间贸易水平的逐步加大将使得这两项指标的安全得分减小。2017 年七大关键产业外资加权市场占有率已经降至安全线，品牌外产比甚至已经开始直逼下警限，但是这并不是我国实体产业控制程度减弱的信号。一方面，交通运输设备、计算机通信等关键产业的外资占有率依然居高不下。另一方面，我国的产能过剩问题依然严峻，制造业成本优势缩小，面临人口红利的消失等。此外，外资的引入虽然对中国的经济发展能够带来一系列的正面效应，例如创新技术、提高效率、优化管理制度，然而也带来了一系列负面效应，如对传统行业的冲击等等。尤其是在发展中国家，在没有健全的制度环境之下，更是值得我们关注。外资通过对关键产业和品牌的控制，有可能实现对我国实体产业的控制，在研究我国实体产业的外部安全条件之时需要加以考虑和防范。

最后需要说明的是，本报告实体产业所选择的指标是基于经济和产业角度，比如贸易依存度、市场占有率等，没有考虑微观技术性指标，比如芯片或大飞机的发动机等关键零部件的对外依赖性及其对经济安全的影响。不过，依据原本的经济安全研究规划，在年度报告已经完成5年系列计划后，应该暂停，应该拿出更多的时间对经济安全指标体系和权重系统做深度修正，为未来的更高质量的研究打下基础。当然这种修正也并非易事，是复杂的系统工程，也一定是见仁见智的。本年的监测预警就只能在此做一个补充说明。

【执笔人：尹昕　战立男】

# 第4章 经济安全条件之战略资源领域

**摘要：** 本章从谷粮对外依存度和石油对外依存度两个方面探讨了我国经济安全条件部分战略资源领域的经济安全状况，并分别探讨了美国、欧盟、日本、俄罗斯和印度对我国经济安全条件战略资源部分的影响程度。研究发现我国谷粮对外依存度相对较低，石油对外依存度较高，2017年两个指标的经济安全得分分别为69.6分和25.8分。在分国别（地区）的研究中，美国对我国谷粮对外依存度影响较大，其他国家（地区）对该指标的影响极小近乎为0；而俄罗斯一直以来对我国石油对外依存度影响较大，美国、欧盟、日本和印度对我国石油对外依存度的影响近乎为0。

本章首先分析了我国粮食和石油的现状。其次监测了2017年我国谷粮对外依存度和石油对外依存度。关于粮食对外依存度本章采用的是狭义的粮食定义，主要指谷物，不包含大豆，故下文中将粮食对外依存度均称为"谷粮对外依存度"，从2017年监测和2018年预警看，该指标值均在5%的警戒线以内，且有下降趋势，而石油对外依存度则需要引起高度重视，近年来我国石油对外依存度节节攀升，近几年国际油价持续低价徘徊进一步催高了我国石油对外依存度。再次探讨了美国、欧盟、日本、俄罗斯和印度对我国经济安全条件战略资源部分的影响程度。最后预测了2018年我国谷粮对外依存度和石油对外依存度。

## 4.1 经济安全条件中的战略资源领域

根据以往的研究成果，国家经济安全的研究方法可以划分为三类：一是大系统推断法，即将国家安全视为大系统，将经济安全、政治安全、文化安全视为国家安全的子系统，通过研究国家安全及其他子系统推断国家经济安全状况；二是本系统分析法，即将国家经济安全视为一个系统，将此系统分为国家经济安全条件和国家经济安全能力两部分，通过研究这两部分推断国家经济安全状况；三是子系统综合法，即将国家经济安全视为一个"大系统"，该系统可以从时间、国别、地域等角度划分为若干个子系统，通过子系统推断国家经济安全状况。本章采用本系统和子系统相结合的分析方法监测、预警了经济安全条件中战略资源部分的安全状况及世界主要大国强国对我国经济安全条件中战略资源部分的影响。具体方法步骤如下：

1. 确定分析指标及指标权重。本章选取了谷粮对外依存度和石油对外依存度两个指标，具体选取方法及依据下文有详细说明。

2. 计算指标评分及划分安全类型。根据各指标上下警限值，采用插值法计算各指标安全得分，并依据安全类型表划分指标安全类型。

3. 对各指标进行国别分解并确定各国的影响程度。首先根据指标的安全得分计算其不安全得分，即用 100 减去安全得分；其次将不安全得分乘以对应的国别占比，得到该国家某一指标不安全分数中所得的不安全得分。

### 4.1.1  我国战略资源现状

探究战略资源的现状首先要对战略资源加以界定，本报告中关于战略资源的界定沿用了往年经济安全报告中的阐释，具体可参阅历年的经济安全报告，此处不再赘述。本报告认为粮食和石油对中国经济安全的影响是至关重要的，故选取了粮食和石油两种战略资源[①]。下面将分别从粮食和石油两条主线分析经济安全视角下我国战略资源的现状。

粮食是国家的根本，对于我国来说，粮食充足至关重要。2017 年粮食总产量61 791 万吨，比 2016 年增加 166 万吨，增长 0.3%。但是我国粮食安全并非高枕无忧，粮食总产量节节攀升的同时进口数量也在持续攀升，产需缺口不断加大。未来随着人口增加和城镇化发展，粮食需求还将刚性增长，粮食供求紧平衡很可能是一个长期态势。

从粮食生产总量看，2016 年我国粮食产量结束了"十二"连增，出现小幅下降，2017 年开始回升，虽然增长较少，但总体上依然是丰收。从人均粮食产量看，2016 年我国实行全面二孩政策，2017 年人口自然增长率达到 5.32‰，人口增长加

---

① 选择依据同往年经济安全报告相同，限于篇幅限制此处不再赘述，有兴趣的读者可参阅历年的经济安全报告。

快，人均粮食产量从 2015 年的 452 公斤/人下降到 2017 年的 445 公斤/人，呈现下降趋势。

从谷粮净进口状况看，近年来我国粮食进口数量一直在增长，但是谷物进口状况有所分化。农业部数据显示，2017 年我国稻米累计进口 402.6 万吨，同比增长 13.2%；小麦累计进口 442.2 万吨，同比增加 29.6%；玉米累计进口 282.7 万吨，同比下降 10.7%。2017 年我国谷物出口量也创新高，其中稻米出口 119.7 万吨，同比增长 203%；小麦出口量约为 18.3 万吨，同比增长 61.9%；玉米出口 8.6 万吨，同比增长 2 088.6%。从三大主粮净进口情况看，2017 年我国三大主粮净进口量为 980.9 万吨，同比增长 1.9%。

从粮食生产的投入要素看，我国耕地情况并不乐观，农业劳动力成本逐年增长，且数量减少。粮食生产的根本在耕地，必须牢牢守住耕地保护红线。2017 年 1 月中共中央、国务院出台《关于加强耕地保护和改进占补平衡的意见》。该意见指出，到 2020 年，在确保全国耕地保有量不少于 18.65 亿亩红线的基础上，确保建成 8 亿亩、力争建成 10 亿亩高标准农田。我国耕地质量在下降，肥沃的便于耕种的土地几乎均已开垦，随着人口增长、工业化、城镇化、交通发展等，我国耕地面积趋于缓慢下滑。2015 年末我国耕地面积 20.25 亿亩，2016 年末我国耕地面积 20.24 亿亩，人均耕地不足 1.5 亩，人均耕地不到世界人均耕地的一半。从农业劳动力看，随着城镇化的推进，农民进城务工，农村劳动力流出现象明显，农村劳动力短缺将影响我国粮食生产。

石油作为国民经济活动中的重要能源，既是经济发展中必不可少的原材料，也对军事国防、政治战略起重要作用，关系国计民生、经济发展、社会进步，其重要性从各国纷纷开展能源外交，谋求石油安全便可见一斑。下面将从我国石油需求和生产两方面阐述我国石油现状。

从我国石油需求看，首先，我国经济发展进入“新常态”，经济增速平稳，调结构、转方式势在必行，但是总体上处于工业化后期阶段，对能源的需求量会不断增加。其次，当前我国环境污染严重，雾霾现象在很多大城市频发，考虑到技术和成本因素，由石油替代煤炭的能源转型短期内最具有可行性，这进一步推高我国对石油的需求。再次，交通燃油的增加亦不可忽视。根据华尔街见闻网站报道，近年来交通运输占了全球石油需求的 59%[1]，汽车耗油是交通运输业石油需求的重要驱

---

[1] 莫西干. 关于全球石油市场你必须了解的现状 [EB/OL]. (2014-05-11) [2018-01-05]. http://wallstreetcn.com/articles/89530.

动力。2017年全球乘用车和卡车销量突破9 000万辆，据新浪美股消息，亚洲购车者是汽车销量增长的主要推动因素，去年全球销售的汽车有逾四分之一被中国顾客购得。2017年我国汽车保有量达到3.10亿辆，创历史新高，按汽车的平均年耗油量1.6吨/辆计算，每年汽车消耗成品油约为4.96亿吨。而工信部预测到2020年中国汽车保有量才将达到2.5亿辆，实际量远远超过预测，可见我国汽车的石油需求在未来会不断增加。

从我国石油生产看，根据中国的统计年鉴及统计公报，2010年以来我国原油（石油）产量始终稳定在2亿吨左右，2015—2017年原油产量分别为2.14亿吨、1.97亿吨、1.92亿吨。中国工程院院士杜祥琬认为中长期国内石油稳定产量仅为2亿吨左右。综合石油需求和石油生产现状看，我国石油供需缺口将逐年拉大，石油进口将会逐年增加。

### 4.1.2 战略资源安全条件评估指标体系

衡量战略资源领域对经济安全条件的影响，本报告选取了"谷粮对外依存度"和"石油对外依存度"这两个指标。在选取指标时，我们注重指标能反映出外生冲击对我国经济安全的影响。

粮食的定义有广义和狭义之分，广义的粮食是指谷物、豆类和薯类的集合，这是我国统计局每年统计粮食产量采用的标准，而狭义的粮食是指禾本科作物，包括小麦、稻米、玉米，联合国粮农组织所定义的粮食概念就是指谷物，其中包括麦类、稻谷类和粗粮三大类。本报告中的"粮食"采用联合国粮农组织的定义即狭义的粮食定义，可称为"谷粮"。

在粮食方面，本报告选取了"谷粮对外依存度"这一指标，该指标权重为6%。谷粮对外依存度是用谷粮净进口量比上谷粮需求量，由于谷粮需求量数据没有官方统计，谷粮需求量数据利用谷粮供求平衡关系法进行估计。谷粮供求平衡关系法是根据"谷粮需求量＝谷粮产量＋谷粮净进口量＋谷粮库存变动"的公式进行估计。

在石油方面，本报告选取"石油对外依存度"这一指标，该指标的权重为14%。石油对外依存度指标是用我国石油进口量比上石油消费量计算得到。该指标反映了我国石油消费对外国的依赖状况，其大小可以衡量石油所带来的外部风险大小。我国正处于工业化发展的中后期阶段，能源的消费需求还处于上升阶段。环境和气候问题使得我国能源消费结构加速转变，减少煤炭的消费，技术的制约使短期内减少的煤炭只能由石油和天然气"接棒"且更多地依赖于石油，迅猛增长的汽车数量进一步增加了石油需求。可以预见，未来我国对石油的需求会持续增长，石油供需缺口会不断加大，石油进口量会不断增长，石油对外依存度增大带来的外部风险会逐渐增大。

　　"谷粮对外依存度"和"石油对外依存度"指标分别从粮食和能源两个方面表明了我国战略资源领域面临的外部风险，反映了其对我国经济安全条件的影响程度。

## 4.2　经济安全条件中的战略资源领域：2017 年监测

　　本节分别对谷粮对外依存度和石油对外依存度指标进行了 2017 年监测，具体方法是首先根据指标特性采用不同的监测方法获得指标的定量数值，然后运用插值法得到指标相应的百分制安全得分，最后根据得分判断该指标的安全类型。

### 4.2.1　谷粮对外依存度状况 2017 年监测分析

　　谷粮对外依存度＝谷粮净进口量/谷粮需求量，谷粮净进口量采用海关总署公布的数据。由于我国统计部门没有公布粮食需求量的数据，谷粮需求量数据利用谷粮供求平衡关系法进行估计。谷粮供求平衡关系法是根据"谷粮需求量＝谷粮产量＋谷粮净进口量＋谷粮库存变动"的公式进行估计。

　　根据国家统计局和海关总署统计，2017 年我国谷粮产量和谷粮净进口量分别为56 454.9 万吨和 2 402.7 万吨。看 2017 年我国谷粮库存变动情况，近年来我国粮食"高产量、高进口、高库存"问题突出，尤其是玉米库存高企。根据粮达网数据，我国玉米库存达到 2 亿吨。玉米去库存成为我国农业供给侧改革的主攻方向：一方面是通过减少玉米播种面积来减少玉米产量，根据统计局数据，2017 年我国玉米播种面积减少了 1 972 万亩，玉米减产 366.3 万吨；另一方面是减少玉米进口量和增加玉米出口量，根据海关总署数据，2017 年我国玉米进口减少 33.8 万吨，玉米出口增加 8.2 万吨，玉米净进口比 2016 年减少 42.0 万吨。在玉米需求量不断增长的同时有理由认为减产和净进口的减少由玉米库存弥补，因此估计 2017 年玉米库存减少了 408.3 万吨。农业部在 2017 年 10 月份发布报告预计 2017 年玉米供需缺口约为 431 万吨，取这两个值的平均值估计 2017 年玉米库存减少 419.65 万吨。再看稻谷，我国稻谷亦存在阶段性过剩的情况，但是 2017 年稻谷产量达到 20 856.0 万吨，净进口达到 279.6 万吨，稻谷总供给量约为 21 135.6 万吨。根据国家统计局数据，2017 年预计稻谷消费 18 560 万吨，估计 2017 年稻谷库存增加 2 575.6 万吨。小麦库存情况，根据美国农业部和平安证券研究所数据，2017 年我国小麦库存约增加 1 600 万吨。综上，可得 2017 年我国谷粮需求量约为 62 613.55 万吨。

利用"谷粮对外依存度＝谷粮净进口量/谷粮需求量"公式可得 2017 年我国谷粮对外依存度为 3.8%。

为了对谷粮对外依存度指标进行进一步评估，我们需要设定该指标的安全区间。通过文献法、专家调查法，将该指标的警限设为 5%，具体安全得分见表 4-1。

表 4-1　　　　　　　　　我国谷粮对外依存度对应的安全得分

| 谷粮对外依存度 | 0% | 5% | ≥12.5% |
| --- | --- | --- | --- |
| 安全得分 | 100 | 60 | 0 |

根据表 4-1，采用插值法计算我国历年谷粮对外依存度安全得分。所谓插值法，又被称为内插法，是指利用函数在某区间内若干点的函数值，做出适当的特定函数，在这些点上取已知值，在区间的其他点上用这特定的函数的值作为函数近似值的一种计算方法，在实践中被广泛用来计算各种数值。具体的计算步骤为：设某一已知数值为 $x$，对应的未知数值为 $y$，通过观测可以得到已知数值 $x$ 的左右数值分别为 $x_1$ 和 $x_2$，其对应的观测数据为 $y_1$ 和 $y_2$，数值 $x$ 的观测值可通过插值法。公式为：

$$y = \frac{(y_2 - y_1) \cdot (x - x_1)}{x_2 - x_1} + y_1$$

利用上述方法算得 2017 年我国谷粮对外依存度安全得分为 69.6 分，处于基本安全区间。

## 4.2.2　石油对外依存状况 2017 年监测分析

根据中经网数据库数据，笔者得到 2012—2017 年我国石油对外依存度，见表 4-2。

表 4-2　　　　　　　　　　2012—2017 年我国石油对外依存度

| 年份 | 石油净进口量（亿吨） | 石油消耗量（亿吨） | 石油对外依存度（%） |
| --- | --- | --- | --- |
| 2012 | 2.71 | 4.80 | 56.46 |
| 2013 | 2.89 | 4.98 | 58.03 |
| 2014 | 3.08 | 5.18 | 59.46 |
| 2015 | 3.28 | 5.43 | 60.41 |
| 2016 | 3.61 | 5.56 | 64.93 |
| 2017 | 4.20 | 6.23 | 67.42 |

资料来源：笔者根据中经网数据库数据整理。

根据国际上的通行惯例和各个国家的经验总结，石油对外依存度的警戒线被普遍认为是 50%。本报告依据这一标准，设定当石油对外依存度为 50% 时，该项所得的安全得分为 60 分。另外，再借鉴世界上主要发达国家近几十年来石油对外依存度的变化趋势，认为可行的石油对外依存度的变化区间为 10%～90%，并依次按照分布区间由高到低赋予安全得分，见表 4-3。

表 4-3　　　　　　　　石油对外依存度的安全得分

| 石油对外依存度 | 20% | 35% | 40% | 45% | 50% | 55% | 60% | 65% | 70% |
|---|---|---|---|---|---|---|---|---|---|
| 安全得分 | 100 | 90 | 80 | 70 | 60 | 50 | 40 | 30 | 20 |

资料来源：由笔者计算所得。

利用插值法计算出 2012—2017 年石油对外依存度的安全得分，见表 4-4。

表 4-4　　　　　2012—2017 年我国石油对外依存度的安全得分

| 年份 | 2012 | 2013 | 2014 | 2015 | 2016 | 2017 |
|---|---|---|---|---|---|---|
| 安全得分 | 47.2 | 43.8 | 41.0 | 38.8 | 30.0 | 25.8 |

资料来源：由笔者计算所得。

由表 4-4 看，2012—2017 年我国石油对外依存度的安全得分均低于 60 分且逐年下滑，2017 年得分仅为 25.8 分。根据中石油经济技术研究院发布的《国内外油气行业发展报告》，由于国内原油产量下降、炼油能力较快增长等原因，2017 年原油净进口量继续较快增长，全年净进口量为 4.2 亿吨，同比增长 10.7%。2017 年石油对外依存度达到 67.40%，较 2016 年上升 2.49%。

## 4.3　经济安全条件中的战略资源领域：国别分析

从上文分析看，我国谷粮对外依存度相对较低，石油对外依存度较高。那么从国别冲击视角看，传统意义上的大国或地区对我国战略资源安全的影响有多大呢？本报告选取了美国、欧盟、日本、俄罗斯和印度分别做了分析。

### 4.3.1　美国对中国战略资源安全的影响

美国作为一个高度发达的国家，在世界舞台上有着举足轻重的影响，随着经济全球化的不断发展，中美经济往来愈加频繁，这在给中国经济发展带来一定的积极影响的同时，也在一定程度上威胁到了中国的经济安全。下面将从美国对中国的粮食及石油两方面影响做出分析。

美国是世界粮食生产出口第一大国，美国的粮食出口占到了世界粮食出口总量的10%。我国每年都会从美国进口大量的玉米、大豆等粮食。美国对我国的谷粮进口具有重要的影响。

为了说明美国对中国谷粮进口的影响，需要中国从美国进口的谷粮数量的具体数据，笔者在查询了海关总署官网、统计局官网、中国商品贸易数据库、联合国商品贸易统计数据库等之后都未找到分国别的中国谷粮进口数据，但是在联合国商品贸易统计数据库找到了分国别的中国谷粮进口金额数据。考虑到本报告分析的是美国对中国谷粮进口的影响程度，这里选取了玉米、大米、小麦、稻谷的指标，进口谷粮的比重反映在价值上应该为中国从美国进口谷粮的贸易额占中国进口谷粮贸易总额的比重，两者近似相等，根据数据可得性，本节采取进口谷粮贸易额的比重，下文中研究欧盟、日本、俄罗斯、印度等对中国谷粮进口的影响采用同样的方法。

根据联合国商品贸易统计数据库，得到2012—2016年中国从美国进口的谷粮金额情况，见表4-5。

表4-5　　　　　　　　　2012—2016年中国从美国进口谷粮贸易额

| 年份 | 中国谷粮进口贸易总额（万美元） | 从美国进口谷粮贸易额（万美元） | 比重（%） |
|---|---|---|---|
| 2012 | 393 905.2 | 25 199.2 | 6.40 |
| 2013 | 422 353.3 | 137 094.0 | 32.46 |
| 2014 | 455 814.6 | 181 712.5 | 39.87 |
| 2015 | 643 584.4 | 267 292.2 | 41.53 |
| 2016 | 445 304.4 | 148 455.6 | 33.34 |

资料来源：笔者根据联合国商品贸易统计数据库资料整理。

从表4-5看，中国从美国进口谷粮比重较高，虽然没有呈现出一致的趋势性，但从2013年起中国从美国进口谷粮的份额始终在30%以上，2014—2015年呈现出上升趋势，2016年出现下降。随着我国农业供给侧结构改革的不断深入，我国进口谷粮比重会逐渐降低且趋于稳定。由于2017年贸易数据并未公布，按照过去四年的平均比重推算2017年从美国进口谷粮贸易额所占份额为36.80%左右。根据谷粮对外依存度安全得分算出谷粮对外依存度的不安全得分，不安全得分乘以各国的比重可以得到各国所引起的该指标的不安全得分，从而反映该国对该指标的影响程度。2017年谷粮对外依存度不安全得分为35.2分，故因美国扣除的安全得分为13.0分。

美国曾是世界上最大的石油进口国，但是20世纪以来，美国通过新能源利用技术和页岩气技术革命，使美国石油不仅能够自给自足，而且开始转身成为出口国。2015年12月，美国解除了长达40年的原油出口禁令。但是中国从美国进口的石油数量却非常有限，根据联合国商品贸易数据库，得到 2012—2016 年我国从美国进口石油数量，见表 4-6。

| 表 4-6 | | 中国对美国石油进口量 | | | | （单位：万吨） |

| 时间 | 2012 | 2013 | 2014 | 2015 | 2016 |
|---|---|---|---|---|---|
| 中国对美国石油进口量 | 0 | 0 | 0 | 6.2 | 48.5 |

资料来源：笔者根据联合国商品贸易数据库资料整理。

从表 4-6 看，近年来中国对美国石油进口量 2015 年之前为 0，2016 年进口量猛增，也只有 48.5 万吨，相较于中国庞大的石油进口基数，依然微不足道。随着美国石油出口放开，有理由认为中国从美国进口的石油将有所上升，但是考虑到美国视中国为威胁等因素，短期内中国从美国进口的石油数量不会急剧增长，因此短期内可以忽略美国直接对中国石油对外依存度的影响。

## 4.3.2　欧盟对中国战略资源安全的影响

英国脱欧对欧盟一体化会产生一定的影响，但是欧盟的实力依然强大，并深刻地影响着国际经济的走势和他国经济的发展，而我国在改革开放的进程中与欧盟的经济联系逐渐紧密，因此欧盟对我国的经济安全也会产生一些影响。下面将从谷粮对外依存度和石油对外依存度两方面探讨欧盟对我国经济安全的影响。

欧盟大部分成员国国土面积虽小，但是农业效率高，法国、荷兰、丹麦等国是农业大国，也是重要的粮食出口国。根据联合国商品贸易数据库数据，中国每年从欧盟进口谷粮的贸易额在中国谷粮进口贸易总额中占有一定的比重。

根据联合国商品贸易统计数据库，得到 2012—2016 年我国从欧盟进口的谷粮金额情况，见表 4-7。

| 表 4-7 | 2012—2016 年中国从欧盟进口谷粮贸易额 | | |

| 年份 | 中国谷粮进口贸易总额（万美元） | 从欧盟进口谷粮贸易额（万美元） | 比重（%） |
|---|---|---|---|
| 2012 | 393 905.2 | 915.8 | 0.23 |
| 2013 | 422 353.3 | 4 043.3 | 0.96 |
| 2014 | 455 814.6 | 2 037.3 | 0.45 |
| 2015 | 643 584.4 | 419.9 | 0.07 |
| 2016 | 445 304.4 | 274.2 | 0.06 |

资料来源：笔者根据联合国商品贸易统计数据库资料整理。

从表 4-7 看，中国从欧盟进口谷粮贸易额占比较小，且总体上较为平稳，波动不大。由于 2017 年贸易数据并未公布，按照过去五年的平均比重推算 2017 年欧盟所占份额约为 0.35%。根据谷粮对外依存度安全得分算出谷粮对外依存度的不安全得分，不安全得分乘以各国（地区）的比重可以得到各国（地区）所引起的该指标的不安全得分，从而反映该国（地区）对该指标的影响程度。2017 年谷粮对外依存度不安全得分为 35.2，故因欧盟扣除的安全得分为 0.1 分。

欧盟的绝大部分国家是发达国家，能源消费量巨大，尽管已有不少欧盟成员国开始寻求向新能源、核电等转型，但是石油的消费量短期内不会有明显下降，同时本国的石油资源相对而言极为匮乏，这使得一些欧盟国家石油严重依赖进口。爱尔兰、卢森堡、马耳他、塞浦路斯等欧盟国家的能源对外依存度甚至高达 90% 以上。在英国脱欧前，我国在欧盟最主要的石油进口国为英国，但是目前英国暂未与欧盟完全脱离贸易关系，因此在 2018 年之前的统计中应该包括英国。

根据联合国商品贸易数据库，得到 2012—2016 年我国从欧盟进口石油的数量，见表 4-8。

表 4-8　　　　　　　　　　中国对欧盟石油进口量　　　　　　　　　（单位：万吨）

| 年份 | 2012 | 2013 | 2014 | 2015 | 2016 |
|---|---|---|---|---|---|
| 中国对欧盟石油进口量 | 26.5 | 20.0 | 121.9 | 197.3 | 495.5 |

资料来源：笔者根据联合国商品贸易数据库资料整理。

我们采用石油对外依存度指标，研究原油供求平衡对经济安全的影响，通过中国对欧盟石油进口量与中国石油进口总量的比得到中国对欧盟石油进口依存度，见表 4-9。

表 4-9　　　　　　　　　　中国对欧盟石油对外依存度

| 年份 | 2012 | 2013 | 2014 | 2015 | 2016 |
|---|---|---|---|---|---|
| 中国石油对外依存度不安全得分 | 52.8 | 56.2 | 59 | 61.2 | 70 |
| 欧盟所占份额（%） | 0.10 | 0.07 | 0.40 | 0.59 | 1.30 |
| 因欧盟扣除的安全得分 | 0.05 | 0.04 | 0.24 | 0.36 | 0.91 |

资料来源：笔者计算所得。

从表 4-9 看，中国从欧盟进口石油数量比较平稳，占比较小。由于 2017 年贸易数据并未公布，按照过去五年的平均比重推算 2017 年欧盟所占份额约为 0.49%，因此可估算 2017 年石油对外依存度因欧盟扣除的不安全得分为 0.36 分。

### 4.3.3　日本对中国战略资源安全的影响

中国与日本地缘上一衣带水，自古以来有着深厚的历史文化渊源。1972 年《中日联合声明》的发表开启了两国邦交正常化的进程，经济、政治、文化、外交

往来日益频繁，日本对中国经济安全的影响也不容忽视，下面将从日本对中国粮食
对外依存度和石油对外依存度的影响两个方面进行探讨。

日本国土狭小，人口众多，国内粮食生产一直无法自给自足，根据《日本经济
新闻》报道，日本农林水产省发布 2015 年度日本粮食自给率（按热量计算）连续 6
年为 39%，可见日本本身需要从国外进口大量的粮食，出口是极少的，我国从日本
进口谷粮数量也比较少。根据联合国商品贸易数据库数据，得到 2012—2016 年中
国从日本进口谷粮贸易额情况，见表 4 - 10。

表 4 - 10　　　　　　　　　2012—2016 年中国从日本进口谷粮贸易额

| 年份 | 中国谷粮进口贸易总额（万美元） | 从日本进口谷粮贸易额（万美元） | 比重（%） |
|---|---|---|---|
| 2012 | 393 905.2 | 21.49 | 0.01 |
| 2013 | 422 353.3 | 21.05 | 0 |
| 2014 | 455 814.6 | 41.51 | 0.01 |
| 2015 | 643 584.4 | 282.61 | 0.04 |
| 2016 | 445 304.4 | 177.49 | 0.04 |

资料来源：笔者根据联合国商品贸易统计数据库资料整理。

从表 4 - 10 看，中国从日本进口谷粮极少，且波动不大，因此日本对中国谷粮
对外依存度的影响极其微小。由于 2017 年贸易数据并未公布，按照过去五年的平
均比重推算 2017 年日本所占份额约为 0.02%。根据谷粮对外依存度安全得分算出
谷粮对外依存度的不安全得分，不安全得分乘以各国的比重可以得到各国所引起的
该指标的不安全得分，从而反映该国对该指标的影响程度。2017 年谷粮对外依存
度不安全得分为 35.2，故因日本扣除的安全得分为 0.007 分。

日本国内石油资源极其匮乏，却又是全球第三大石油消费大国。根据搜狐财经
新闻日本的石油自给率仅为 0.2%，石油基本依赖进口，且进口途径单一，超过
85% 的石油进口来自中东地区[①]。根据联合国商品贸易数据库，历年来我国几乎没
有从日本进口石油，仅 2015 年进口了 75 千克，相对于我国庞大的石油进口基数几
乎可以忽略不计，因此日本对我国的石油对外依存度不存在威胁，该指标因日本扣
除的不安全得分为 0 分，同时有理由相信 2016 年该指标因日本扣除的不安全得分
依然为 0 分。

## 4.3.4　俄罗斯对中国战略资源安全的影响

俄罗斯是国际市场上非常重要的原材料和能源供应国，目前俄罗斯经济已完成

---

① 原油几乎全靠进口的日本，怎样在低油价中获利 [EB/OL]. (2016-03-17) [2018-05-17]. http://
mt.sohu.com/20160317/n440779814.shtml.

由计划经济向市场经济的转型，但是俄罗斯联邦国民经济对能源出口的依赖性很
强，近两年受国际局势和地缘政治的影响，其国际贸易市场的不稳定性增大，由于
我国与俄罗斯有着重要的能源贸易，因此俄罗斯国际贸易市场的不稳定加大了其对
我国经济安全的影响。下面从俄罗斯对中国粮食对外依存度和石油对外依存度的影
响来探讨其对中国经济安全的影响程度。

俄罗斯农业部长特卡乔夫称，2007—2016年，俄罗斯粮食和食品出口大幅增
长，从2007年的50亿美元增长至2016年的170亿美元。2017年，俄粮食和食品
出口达200亿美元。特卡乔夫还称，俄粮食和食品不但出口总额增长，而且出口国
家（地区）和出口结构也更加多元化。且2015年12月中俄两国签署了规定俄罗斯
出口中国小麦、玉米、大米、大豆、油菜的检疫要求议定书，意味着中国将来会更
多地从俄罗斯进口粮食。但是根据联合国商品贸易统计数据库数据，中国从俄罗斯
进口谷粮较少，历年来占中国谷粮进口贸易总额的比重尚不足0.5%，将2012—
2016年中国从俄罗斯进口谷粮贸易额情况整理如下，见表4-11。

表4-11　　　　　　　　2012—2016年中国从俄罗斯进口谷粮贸易额

| 年份 | 中国谷粮进口贸易总额（万美元） | 从俄罗斯进口谷粮贸易额（万美元） | 比重（%） |
|------|------|------|------|
| 2012 | 393 905.2 | 123.18 | 0.03% |
| 2013 | 422 353.3 | 107.67 | 0.03% |
| 2014 | 455 814.6 | 510.80 | 0.11% |
| 2015 | 643 584.4 | 1 522.35 | 0.24% |
| 2016 | 445 304.4 | 1 144.19 | 0.26% |

资料来源：笔者根据联合国商品贸易统计数据库资料整理。

从表4-11看，中国从俄罗斯进口谷粮较少，且波动不大，历年中国从俄罗斯
进口谷粮比重均未超过0.3%，因此俄罗斯对中国谷粮对外依存度的影响极其微小。
由于2017年贸易数据并未公布，按照过去五年的平均比重推算2017年俄罗斯所占
份额约为0.13%。根据谷粮对外依存度安全得分算出谷粮对外依存度的不安全得
分，不安全得分乘以各国的比重可以得到各国所引起的该指标的不安全得分，从而
反映该国对该指标的影响程度。2017年谷粮对外依存度不安全得分为35.2分，故
因俄罗斯扣除的安全得分为0.05分。

俄罗斯是能源大国，拥有丰富的石油和天然气资源。根据英国BP公司的统计
数据，截止到2010年年底，俄罗斯的石油剩余探明可开采储量为106亿吨，占世
界剩余探明可开采储量的5.6%，居世界第七位。随着欧洲能源市场消费能力渐趋
饱和，加之欧洲出于安全考虑试图削弱对进口俄罗斯能源的依赖，俄罗斯日益重视
与中国之间的能源合作。

根据联合国商品贸易数据库，得到 2012—2016 年我国从俄罗斯进口石油数量，见表 4 - 12。

表 4 - 12　　　　　　　　　　中国对俄罗斯石油进口量　　　　　　　　　（单位：万吨）

| 年份 | 2012 | 2013 | 2014 | 2015 | 2016 |
|---|---|---|---|---|---|
| 中国对俄罗斯石油进口量 | 2 433.0 | 2 434.8 | 3 310.8 | 4 243.4 | 5 247.8 |

资料来源：联合国商品贸易数据库。

我们采用石油对外依存度指标，研究原油供求平衡对经济安全的影响，通过中国对俄罗斯石油进口量与中国石油进口总量的比得到中国对俄罗斯石油进口依存度，见表 4 - 13。

表 4 - 13　　　　　　　　　　中国对俄罗斯石油进口依存度

| 年份 | 2012 | 2013 | 2014 | 2015 | 2016 |
|---|---|---|---|---|---|
| 中国石油对外依存度不安全得分 | 52.8 | 56.2 | 59 | 61.2 | 70 |
| 俄罗斯所占份额（%） | 8.98 | 8.64 | 10.74 | 12.65 | 13.77 |
| 因俄罗斯扣除的安全得分 | 4.74 | 4.86 | 6.34 | 7.74 | 9.64 |

资料来源：笔者计算所得。

从表 4 - 13 看，近年来中国对俄罗斯的石油对外依存度逐年增长，且近两年增长较快。由于 2017 年数据尚未公布，按照过去五年的趋势，我国从俄罗斯进口石油越来越多，并呈现较快增长趋势，因此推算 2017 年俄罗斯所占份额为 14.89%，根据表 4 - 4 知 2017 年中国石油对外依存度不安全得分为 74.2 分，因此可以估计 2017 年中国对俄罗斯的石油对外依存度指标因俄罗斯扣除的不安全得分为 11.05 分。

### 4.3.5　印度对中国战略资源安全的影响

印度与中国并称为亚洲双雄，在主要经济体中，平均经济增长速度仅次于中国。2005 年，中印战略合作伙伴关系确立之后，中印双边经济关系获得全方位的发展。目前中国已经成为印度的最大贸易伙伴，印度也成为中国在南亚地区最大的贸易伙伴。下面将从印度对中国谷粮及石油两方面的影响做出分析。

独立前印度是一个粮食短缺的国家，独立后历届政府都非常关注粮食的发展，绿色革命的成功使得印度实现了粮食自给并略有出口。近年来中国每年都会从印度进口谷粮，但是进口量极小，联合国商品贸易统计数据库数据显示，历年来中国从印度进口谷粮金额占比还不足 0.1%，因此印度对中国谷粮进口的影响可以忽略不计，将 2012—2016 年中国从印度进口的谷粮金额情况整理如下，见表 4 - 14。

**表 4-14** 　　　　　　　　　2012—2016 年中国从印度进口谷粮贸易额

| 年份 | 中国谷粮进口贸易总额（万美元） | 从印度进口谷粮贸易额（万美元） | 比重（%） |
|------|------|------|------|
| 2012 | 393 905.2 | 49.7 | 0.01 |
| 2013 | 422 353.3 | 139.0 | 0.03 |
| 2014 | 455 814.6 | 172.5 | 0.04 |
| 2015 | 643 584.4 | 33.0 | 0.01 |
| 2016 | 445 304.4 | 1.1 | 0 |

资料来源：笔者根据联合国商品贸易统计数据库资料整理。

从表 4-14 看，中国对印度谷粮对外依存度非常低。2017 年贸易数据并未公布，但是从历年数据分析，有理由相信 2017 年印度对中国谷粮对外依存度的影响极其微小，因印度扣除的安全得分为 0 分。

印度是巨大的石油进口国。较快的经济增长速度，较大的经济体量使得印度对石油需求增长较快，根据牛津能源研究所发布的报告，2015 年印度石油需求增长 30 万桶/天，是 2005—2014 年平均增速的两倍。甚至有观点认为，印度或将取代中国成为世界石油需求增长的中心。印度石油生产能力有限，石油资源匮乏，导致印度本国需要大量的石油进口。根据联合国商品贸易数据库，2012—2016 年印度对中国的石油出口数量一直为 0，因此在石油方面，印度对中国经济安全几乎不存在影响。

综上，将美国、欧盟、日本、俄罗斯、印度对中国谷粮对外依存度和石油对外依存度的不安全影响总结如表 4-15 所示。

**表 4-15** 　　　　　　　　2017 年各国（地区）对中国战略资源安全的影响

| | 谷粮对外依存度 | 石油对外依存度 |
|------|------|------|
| 因美国扣除的安全得分 | 13.0 | 0 |
| 因欧盟扣除的安全得分 | 0.1 | 0.36 |
| 因日本扣除的安全得分 | 0.007 | 0 |
| 因俄罗斯扣除的安全得分 | 0.05 | 11.05 |
| 因印度扣除的安全得分 | 0 | 0 |

资料来源：笔者计算所得。

## 4.4　经济安全条件中的战略资源领域：2018 年预警

### 4.4.1　谷粮对外依存度 2018 年预测

预测是一种研究过程，是对事物的内在联系与外在联系的延续与突变进行综合研究的过程。经济预测是对经济事物进行研究的过程，进行经济预测的目的是为风险防范、战略制定等提供依据。本节将根据谷粮对外依存度的特性采取分子、分母预测法预测 2018 年我国谷粮对外依存度。谷粮对外依存度＝谷粮净进口量/谷粮需求量，因此本节将分别预测谷粮净进口量和谷粮需求量，从而预测 2018 年我国谷粮对外依存度。

（1）谷粮产量预测。

对 2018 年谷粮产量的预测采用了平均增长率法和专家预测法两种。首先看 1997—2017 年我国谷粮产量及增长率情况。

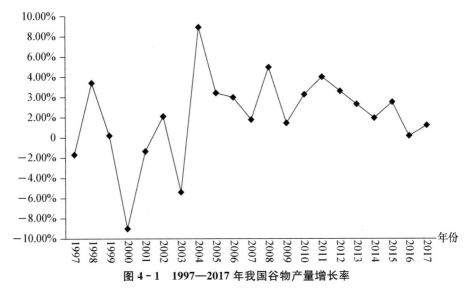

图 4－1　1997—2017 年我国谷物产量增长率

资料来源：国家统计局。

从图 4－1 看，我国谷物产量 2004—2015 年实现了十二连增，2016 年出现了小幅下降，2017 年与 2016 年相比略减。从 2005—2017 年间每年的谷物产量增长率看，我国谷物增长较为平稳，波动范围均不超过 5％，符合使用平均增长率法的要求，故采用平均增长率预测法。取 2013—2017 年增长率数据，算得算术平均值为 0.92％，据此预测 2018 年我国谷物产量为 5.70 亿吨。

2015 年国家统计局重庆调查总队课题组研究了我国粮食供求状况及"十三五"时期趋势，预测 2018 年我国粮食产量将达到 6.24 亿吨。农业部部长韩长赋 2015 年底在《人民日报》撰文指出，据专家预测，到 2020 年我国粮食需求大约为 14 000 亿斤，还有 2 000 亿斤左右的缺口，意味着预计 2020 年我国粮食产量为 12 000 亿斤，合 6 亿吨。2016 年我国粮食产量为 6.16 亿吨，假设从 2016 年到 2020 年四年间粮食产量匀速下降至 6 亿吨，则每年下降 0.04 亿吨，据此推断 2018 年我国粮食产量为 6.08 亿吨。取此数据及重庆调查总队课题组数据的平均值得 2018 年我国粮食产量为 6.16 亿吨。再预测我国谷物产量，根据国家统计局数据，2014—2017 年我国谷物产量均占粮食总量的 92%，因此可据此预测 2018 年我国谷物产量约为 5.67 亿吨。综合固定增长率法和专家预测法的预测值，取两者平均值，预测 2018 年我国谷物产量为 5.69 亿吨。

（2）谷粮净进口量预测。

利用谷粮供求平衡关系预测 2018 年我国谷粮净进口量，根据"谷粮需求量＝谷粮产量＋谷粮净进口量＋库存变动量"可以推出"谷粮净进口量＝谷粮需求量－谷粮产量－库存变动量"。谷粮产量在上文中已经得到，根据人均谷粮需求量短期内稳定的假设，由于人们消费习惯、消费倾向变化是一个缓慢的过程，短期内很难有大的改变，因此笔者认为短期内粮食需求数量主要受人口数量的影响，即粮食的需求总量＝人均粮食需求量×总人口。首先根据 2017 年谷粮需求量的监测值求得 2017 年人均谷粮需求量为 396.4 公斤/人，假设 2018 年保持该人均水平，再根据移动平均法预测 2018 年人口自然增长率，近五年来人口自然增长率较为平稳，2013—2017 年分别为 4.92‰、5.21‰、4.96‰、5.86‰、5.32‰，因此选取移动平均法预测 2018 年我国人口自然增长率。按照时间远近对近五年的数据分别赋权 0.1、0.15、0.2、0.25、0.3，得到 2018 年人口自然增长率 5.33‰，据此预测 2018 年我国人口总量为 139 748.9 万人。则 2018 年谷粮需求量约为 55 396.5 万吨。

再看谷粮库存变动量，根据世界粮农组织的粮食安全标准，一国粮食库存量应相当于当年消费量的 17%～18%，而事实上我国粮食储备率已超过 80%，去库存是我国当前及今后一段时期内的重要任务，我国当前粮食库存高企主要是结构性矛盾造成的，玉米、稻谷存在明显的阶段性过剩，2017 年在调减种植面积减少产量和减少净进口下，玉米去库存效果显著。2018 年 1 月份全国粮食流通工作会议上国家粮食局表示在确保市场总体稳定的前提下，宜早则早，宜快则快；玉米库存消化路径已经清晰，要继续积极有序推进。假设 2018 年玉米库存沿着 2017 年的路径继续推进，库存减少量与 2017 年相当，则玉米库存减少约为 420 万吨。再看稻谷库存情况，从国家政策看，政府出台的《全国种植业结构调整规划（2016—2020年）》、《全国农业现代化发展规划（2016—2020 年）》及 2017 年中央一号文件均未对稻谷种植面积调减或减产做出规划，从稻谷自身特征看，其消费主要用作口粮，消费弹性小，且产业链短，库存消化较难。尽管稻谷库存高企问题凸显，2017 年依然增长了 2 500 万吨以上，可见稻谷的库存消化较难，其中减少净进口是当前一条较为有效快捷的途径，但是我国稻谷净进口与每年增加的库存比数量较小，因此假设 2018 年我国稻谷净进口减少 100 万吨，保守估计 2018 年稻谷库存也将增加 2 400 万吨。我国小麦库存较高，但是基于保障口粮绝对安全的出发点，我国小麦种植面积未有调减规划，考虑到亩产增加小麦产量会有小幅增长，由于小麦消费以口粮消费为主，消费弹性较小，需求平稳，因此小麦供需市场较为稳定。从美国农业部数据看，2012—2017 年我国小麦库存年均增长 1 466 万吨，有理由认为 2018 年小麦库存依然会增长，以近 5 年的年均增长值作为 2018 年小麦库存增长量，则 2018 年我国谷粮库存量将会增加 3 446 万吨，从而预测 2018 年我国谷粮净进口量约为 2 141.9 万吨。

因此综合谷粮净进口量和谷粮需求量，预测 2018 年我国谷粮对外依存度为 3.9%。运用插值法预测 2018 年我国谷粮对外依存度安全得分为 68.8 分。

## 4.4.2　石油对外依存度 2018 年预测

本节根据石油对外依存度指标的特性，采用专家预测法和时间序列法中的线性趋势外推法预测 2018 年中国石油对外依存度。

中商产业研究院大数据库显示：2018 年 1 月中国原油进口量为 4 064 万吨，同比增长 19.6%。值得提出的是，这是继 2017 年以来，中国原油进口量首次突破 4 000 万吨。据中商产业研究院数据预测，预计 2018 年 2 月中国原油进口量将进一步增长。"十三五"时期在乘用车保有量继续增长、新型城镇化不断推进及原油储备不断增加的背景下，随着更多地方炼油企业获得原油进口权和使用权，石油进口量将会不断攀升。下面我们将对 2018 年我国石油对外依存度进行预测。

首先采用专家预测法，专家预测法是以专家为调查对象，以专家对预测对象的判断为预测初值，然后预测者再进行一定的处理，完成预测工作。2012 年，IEA 预测到 2020 年，中国石油对外依存度将达到 68%；2013 年于北京举办的"第三届全球智库峰会"分论坛上，工业和信息化部原部长李毅中表示，中国原油需求巨大，预计到 2020 年石油对外依存度达到 69%。2015 中国汽车产业发展（泰达）国际论坛上中国石化化工事业部副主任洪剑桥预计我国汽车保有量到 2020 年超过 2.5 亿辆，届时我国石油对外依存度将超过 70%。《BP 世界能源展望（2016 年版）》预计中国的石油进口依存度将从 2014 年的 59% 升至 2035 年的 76%。按照 2016 年的 65% 为起点，假设今后石油对外依存度平均速度增长至 2035 年的 76%，那么 2020 年我国石油对外依存度约为 67.2%。中国石化副总经理、中国工程院院士马永生表示，近年来我国油气对外依存度屡创新高：2017 年石油表观消费量达到 5.9 亿吨，增速为 2011 年以来最高；国内产量则降至 1.92 亿吨，连续第二年低于 2 亿吨；全年石油净进口量达到 3.96 亿吨，同比增长 10.8%；石油对外依存度升至 67.4%。预计 2018 年石油表观需求量将首次突破 6 亿吨，达到 6.15 亿吨，对外依存度将逼近 70%。综合以上机构和专家预测论述，本研究认为 2020 年我国石油对外依存度将会达到 70%，假定石油对外依存度以固定增长率增长，以 2017 年 67.41% 为基点，则 2017—2020 年平均每年增长 0.86 个百分点，可推断 2018 我国石油对外依存度将达到 68.27%。

线性趋势外推法是最简单的外推法，用来研究随时间按恒定增长率变化的事物，在以时间为横坐标的坐标图中，事物的变化接近一条直线，根据这条直线推断事物未来的变化。改革开放以来，伴随着经济的高速发展，我国石油需求量和进口量不断增加，2003 年我国成为石油净进口国，从此石油对外依存度一路攀升。

表 4-16　　　　　　　　2006—2017 年我国石油对外依存度

| 年份 | 石油净进口量（万吨） | 同比增长率（%） | 石油消耗量（万吨） | 同比增长率（%） | 石油对外依存度（%） |
|---|---|---|---|---|---|
| 2006 | 13 883 | 14.46 | 32 245 | 6.70 | 43.05 |
| 2007 | 15 927 | 14.72 | 34 032 | 5.54 | 46.80 |
| 2008 | 17 464 | 9.65 | 35 498 | 4.31 | 49.20 |
| 2009 | 19 858 | 13.71 | 38 129 | 7.41 | 52.08 |
| 2010 | 23 465 | 18.16 | 42 875 | 12.45 | 54.73 |
| 2011 | 25 126 | 7.08 | 43 966 | 2.54 | 57.15 |
| 2012 | 26 860 | 6.90 | 46 679 | 6.17 | 57.54 |
| 2013 | 28 012 | 4.29 | 48 652 | 4.23 | 57.58 |
| 2014 | 30 777 | 9.87 | 51 800 | 6.47 | 59.42 |
| 2015 | 32 800 | 6.57 | 54 079 | 4.40 | 60.65 |
| 2016 | 36 140 | 10.18 | 55 600 | 2.81 | 65.00 |
| 2017 | 42 000 | 16.21 | 62 300 | 12.05 | 67.42 |

资料来源：根据国家统计局数据整理。

从 2006—2017 年 12 年的石油对外依存度指标数据看，呈现出稳定的上升趋势，画出这 12 年数据的散点图（见图 4-2），从中可以看出，石油对外依存度按照一种近似的固定增长率上升，故采用固定增长率法进行定量预测。考虑到现实的经济发展情况，我们采用 2012—2017 年的石油对外依存度平均增长率，简单计算得到 2012—2017 年石油对外依存度的平均增长率为 2.19%，据此增长率预测 2018 我国石油对外依存度为 69.6%。

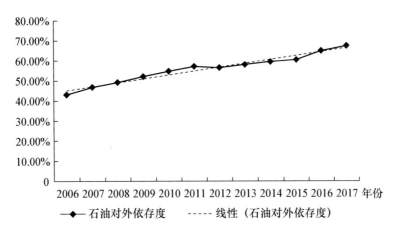

图 4-2　2006—2017 年我国石油对外依存度

　　结合专家预测法和趋势外推分析法的预测值，取两者的算术平均值，得到 2018 石油对外依存度的预测值为 68.94%。

　　运用插值法算得 2018 年我国石油对外依存度安全得分为 22.12 分。

## 4.5　小结与思考

　　从前面分析看，我国谷粮对外依存度自 2015 年起逐年降低，但是石油对外依存度非常高且逐年升高，对我国经济安全影响较大。粮食对外依存度还有继续下降的趋势，石油对外依存度早已超过国际警戒线，且逐年攀升，这使得我国面临较大的外部风险。

　　从谷粮对外依存度看，我国进口数量最大的品种为大豆，占我国广义粮食进口总量的 90% 左右，但我国口粮（小麦、玉米、稻谷）对外依存度较低。2018 年 4 月 4 日中国决定对原产于美国大豆等 106 项商品加征 25% 的关税，以应对美国 4 月 3 日依据 301 调查单方认定结果，宣布将对原产于中国涉及约 500 亿美元中国对美出口商品加征 25% 的关税的决议。中国对美国大豆加征关税，一定会对我国进口美国大豆贸易格局带来很大的影响，且我国对美国的粮食依存度最高，而中国的大豆需求将会从美国转移，导致转移国家大豆价格上涨，因此会导致我国大豆产量将稳步增长，种植大豆面积加大。而临储政策取消导致国内玉米价格与国际市场接轨，玉米种植面积增减以及去库存程度，将在很大程度上决定玉米及其替代品进口的增减。

　　从石油对外依存度看，我国近年来石油消费迅速增长，在石油生产能力有限，由于国际油价较低生产动力不足的情形下石油进口节节攀升，导致我国石油对外依存度迅速升高，严重影响了我国的经济安全状况。鉴于此，国家应通过财税政策激励，使企业敢于向未知领域进军，聚焦复杂对象勘探技术瓶颈、提升经济可采储量技术、提高采收率技术等关键技术；同时针对数量庞大的已探明未开发储量，推动边际储量竞争性出让机制，加快盘活未动用储量、低品位储量。

**【执笔人：卢俊】**

# 第 5 章　经济安全能力之财政金融领域

**摘要：**本章从财政金融领域对中国经济安全能力状况进行了分析，并简述了中国、美国、欧盟财政金融体系。根据往年报告，财政领域选取国债负担率、金融领域选取商业银行不良贷款率和资本充足率指标对财政金融领域经济安全得分进行监测和预警。研究发现，2017 年财政金融安全能力的加权安全得分为 17.08 分，换算为百分制得分为 77.65 分，处于基本安全状态。分指标来看，国债负担率的安全级别仍相对较低，主要是由于国债规模过小，未能充分发挥国债在经济中能够发挥的积极作用。不良贷款率近两年处于稳定的态势，商业银行资本充足率总体水平处于增长的趋势，但是在绝对量上仍然偏低，且增长幅度不断缩小。

## 5.1　经济安全能力中的财政金融领域

国家经济安全是指"通过加强自身机制的建设，使我国经济具备抵御外来风险冲击的能力，以保证我国经济在面临外在因素冲击时能继续稳定运行、健康发展"（顾海兵，2007）。上述对国家经济安全内涵的界定表明对于国家经济安全的研究应该从两个方面进行：一方面从"外部着眼"，另一方面从"内部着手"，即国家经济安全条件和国家经济安全能力两方面，其中后者指的是国家对外部风险的抵御能力。为了提高一国经济抵御外部冲击的能力，必须增强一国自身的抗冲击能力，而一国的财政金融状况在维护国家经济稳定运行、防范外部冲击时具有重要的作用。《中共中央关于全面深化改革若干重大问题的决定》将财政阐述为"财政是国家治理的基础和重要支柱，科学的财税体制是优化资源配置、维护市场统一、促进社会公平、实现国家长治久安的制度保障"。金融作为现代经济的命脉与核心，主导着资源的配置。健康稳定发展的金融是维护国家经济安全的重要环节。因此，一国财政金融状况在提高国家经济安全能力中担当着极其重要的角色。

### 5.1.1 中国财政金融体系简述

在我国财政体制改革历史过程中，1994 年属于特殊的一年。以该年为界，我国财政体制由之前实行的地方政府收支包干体制转变为中央政府和地方政府财权与事权相匹配的分税制财政体制。分税制体制的确立，将中央与地方政府关于责任和收入事项进行了划分，且对转移支付与税收返还等事项也进行了重新规定。此后，我国财政体制改革持续推进。2014 年中央政治局会议审议通过的《深化财税体制改革总体方案》，将中央和地方财政关系、预算制度和税收制度三个方面进行了重大改革。2017 年营业税改增值税政策的全面推进，结束了实施六十多年的营业税，对深化财税体制改革具有重要的作用。

1978 年改革开放以来，我国经济体制从计划经济向社会主义市场经济过渡，我国金融监管体制也在此过程中经历多次变革。最初的监管模式是中国人民银行作为唯一监管机构，随着我国金融市场的蓬勃发展，新业态的出现，中国人民银行一家独大的局面已经不能满足实际金融发展的需要，中国证监会、中国保监会、中国银监会应运而生，2003 年我国已形成"一行三会"分业监管金融监管体制。当前我国金融业进入混业经济发展阶段，更需强有力的监管力量整顿金融市场中的种种乱象。2008 年全球金融危机的爆发，给我国金融安全的稳定带来一系列风险和强有力的挑战。为防止发生系统性金融风险，我国金融监管系统进行了新一轮的改革。2017 年 11 月，国务院金融稳定发展委员会成立。之后，国务院机构改革将银监会和保监会合并，成立银保监会，可以说中国金融监管框架改革取得了长足的进步。目前中国已形成了"一委一行两会"的监管格局，即国务院金融稳定发展委员会、中国人民银行、中国证监会、中国银保监会四个机构组成的金融监管新格局。

### 5.1.2 美国财政金融体系简述

美国是联邦制国家，政府由联邦政府、州政府、地方政府三级构成。从政府层级划分来看，州政府与联邦政府具有横向平等关系，政治关系比较松散，州以下的政府称为地方政府，并按照各州的宪法组织起来，因此模式不一。根据中华人民共和国财政部国际财金合作司关于美国财政管理体系的介绍，美国财政管理体制实行的是分级财政模式，分别是联邦、州政府和地方政府财政。各级政府依据宪法划分财权和事权，且规定了相应的事权和支出范围，权力与责任各有偏重但又互相补充，见表 5-1。

表 5-1　　　　　　　　　　美国各级政府事权与支出责任划分

| 政府层级 | 事权范围 | 支出责任 |
|---|---|---|
| 联邦政府 | 国防、外交与国际事务，保持经济的增长，维持和促进社会发展和保证社会稳定 | 国防支出；人力资源支出，包括教育、培训、就业和社会服务、卫生、医疗、收入保险、社会保障、退伍军人福利和服务；物力资源支出，包括能源、自然资源和环境、交通社会和地区发展；债务的净利息支出；其他支出，包括空间和技术、农业、司法管理、一般政府行政、财政补贴 |
| 州政府 | 收入的再分配，提供基础设施和社会服务，运用一定的手段促进本州的经济社会发展 | 公路建设、基础教育、公共福利项目、医疗和保健开支、收入保险、警察、消防、煤气及水电供应、州政府债务的还本付息 |
| 地方政府 | 与州政府关系较为密切的事务 | 一般行政性经费、家庭和社区服务、健康服务、治安、消防、道路和交通、公用设施支出等 |

资料来源：中国财政部网站。

美国金融业虽然历史时间较短，但目前已是世界上最为发达的金融业，不仅具有体量庞大的金融市场，成熟的金融监管体系，而且还是世界金融治理的先行者和引领者。2017 年，美国银行业资产规模达到 17.41 万亿美元，实现净利润 1 884 亿美元，同比增长 9.9%[①]。

纵观美国金融业监督管理体系，其经历了一个从混业经营到分业经营，再放松管制从分业经营转为更高层次的混业经营，到 2018 年再次有放松管制的倾向的监管体系。

美国是最早建立金融分业经营监管体制的国家，1933 年大萧条之后，为应对国内金融泡沫的破灭，罗斯福上台后颁布了《格拉斯-斯蒂格尔法》，随后，美国又相继颁布了一系列法案，逐步强化了金融分业经营制度。但是分业经营监管具有两面性，在促进金融发展的同时，也不可避免地产生许多不利影响，在此情况之下，美国联邦政府采取了一系列放松金融管制的措施，如颁发了《1980 年存款机构放松管制和货币控制法》《1999 年金融服务现代化法案》等，朝着混业经营监管体制的方向发展。

2008 年美国次贷危机的爆发，给全世界的金融业带来了严重打击，也让各国金融监管机构发现了金融监管中的众多漏洞和缺失，对原有金融监管体系和框架进行了反思，因而开始转变监管理念。为了防止危机进一步恶化、稳定金融系统，美国出台了被认为是自 20 世纪 30 年代以来最严厉的金融监管法案《多德-弗兰克华

---

① 资料来源：美国联邦存款保险公司。

尔街改革和消费者保护法》(Dodd-Frank Wall Street Reform and Consumer Protection Act)，对美国银行及资本市场监管进行彻底革新，审慎监管时代自此到来。

时间轮回，过于严厉的监管体系，也严重制约了金融业的发展。2017 年 2 月 3 日，特朗普提出美国金融行业监管七大核心原则并签署总统令，之后美国财政部对《多德—弗兰克华尔街改革和消费者保护法》开始全面审查和修订，这也被视为美国放松金融监管而迈出的第一步。

### 5.1.3  欧盟财政金融体系简述

欧盟财政管理体制以各个成员国自我管理为主体，但每个成员国自身的财政管理体系各不相同，包含了自身的历史和国情特点。欧盟财政政策具有协调机制，主要体现在财政趋同方面。分层来看，欧盟财政政策协调包括两个层面，一个是欧盟预算层面的协调，一个是成员国之间的财政政策协调。

以 2008 年美国次贷危机为分界点，在此之前，欧盟在金融监管上的法律协调采用莱姆法路西框架（Lamfalussy Framework），从四个层面对欧盟金融业进行监管。2008 年美国次贷危机爆发之后，欧盟各国金融业均因此次危机受到巨大冲击。这表明了欧盟原有的金融监管体系存在不少问题，原有的监管体系并不足以防范及化解系统性危机。因此，欧盟对金融监管体制进行了改革，不仅涵盖了金融监管框架，还涉及了金融监管机构。为形成一个多层监管体系，欧盟委员会提议创建了欧洲金融监管体系（ESFS），将宏观审慎和微观审慎监管相结合，旨在为欧洲金融业提供优良金融环境，避免发生大规模金融危机。

### 5.1.4  财政金融与国家经济安全关系研究综述

关于财政金融与经济安全的关系一直是学术界的热点话题，学者们对此进行了广泛的研究。郭连成（2010）认为金融安全是当今中国最突出的经济安全问题，特别是在经济全球化的大背景下，更需要国家对财政金融安全问题给予高度重视。任晓聪和牛海鑫（2016）认为我国的国债负担率在较为合理的范围内，但仍然存在一定程度的风险，因此我国应该注意控制国债的发行规模，将其控制在合理的承受范围内。而孙玉栋和吴哲方（2013）认为当前我国国债规模已经超出安全范围，存在较大的偿债风险，未来应积极预防国债规模出超引发的风险。王丹娜（2010）认为通过注资剥离不良贷款等措施，我国国有商业银行不良贷款率有了明显下降，除农业银行之外的国有商业银行的不良贷款率基本达到或接近不良贷款警戒率水平，表明我国国有商业银行在不良资产经营方面处于稳定状态。吕少杰（2011）认为资本充足率是现代商业银行的生命线,保持充足的资本是商业银行得以生存与发展的重要条件,也是有效维护金融安全的重要条件。彭兴韵和何海峰(2008)认为中国金融体系是稳定的,但是仍然有一些可能会危及中国金融安全的因素值得我们关注,因此,政府需要采取相应的措施来消除可能危及金融安全的隐患。

## 5.1.5 财政金融安全能力评估指标体系

根据顾海兵和张敏(2017)研究结果,本章选取国债负担率、商业银行不良贷款率、商业银行资本充足率作为国家经济安全能力中财政金融领域的监测指标。

**(一)指标选取**

(1)国债负担率。

国债负担率是当年国债余额与当年国内生产总值的比值。与金融经济安全条件相区别的是,国债负担率主要考察内债余额,能够反映一国在面临外部冲击时维护内部金融经济秩序的能力。国债负担率同时具有上下警限,国债过高固然会带来偿债风险,过低也影响国债调节经济、弥补赤字等功能的发挥,危害国家经济安全。

(2)不良贷款率。

不良贷款是指借款人未能按原定的贷款协议按时偿还商业银行的贷款本息,或者已有迹象表明借款人不可能按原定的贷款协议按时偿还商业银行的贷款本息而形成的贷款,有时也可以称之为非正常贷款或有问题贷款,是商业银行面临的主要风险之一。不良贷款率是指借款人无法按期归还、造成银行不能正常收回本利的那部分贷款占全部贷款的比重,计算公式为

$$不良贷款率=年度不良贷款余额/年度总贷款余额$$

2002 年开始,我国实行贷款五级分类制度,将商业银行的贷款按照贷款风险程度划分为五类,分别是正常类、关注类、次级类、可疑类、损失类,如表 5-2 所示。而不良贷款则是指次级、可疑和损失类贷款。不良贷款的增加不仅危害银行的健康发展,加大银行的债务负担,减少资金的流动性,降低经营效益,而且会影响银行对经济的支持能力,阻碍国民经济的发展。

表 5-2 贷款种类及其定义

| 贷款种类 | 定义 |
| --- | --- |
| 正常类 | 借款人能够履行合同,有充分把握按时足额偿还本息 |
| 关注类 | 尽管借款人目前有能力偿还贷款本息,但存在一些可能对偿还产生不利影响的因素 |
| 次级类 | 借款人的还款能力出现明显问题,依靠其正常经营收入已无法保证足额偿还本息 |

续前表

| 贷款种类 | 定义 |
|---|---|
| 可疑类 | 借款人无法足额偿还本息，即使执行抵押或担保，也肯定要造成一部分损失 |
| 损失类 | 在采取所有可能的措施和一切必要的法律程序之后，本息仍然无法收回，或只能收回极少部分 |

（3）资本充足率。

资本充足率是指商业银行资本额与加权风险资产的比值，代表商业银行以自有资本偿还债务的能力，其也被称为资本风险（加权）资产率。资本充足率是衡量商业银行关键风险的一个重要指标，也是保证银行等金融机构正常运营和发展所必需的资本比率。资本充足率要求可以抑制银行风险资产的不合理膨胀，资本充足率越高，存款人利益就越能得到保障。我国现行的《商业银行资本管理办法（试行）》借鉴了《巴塞尔协议》标准，规定资本充足率必须在8%以上。

资本充足率过高和过低对银行来说都不是一件好事。商业银行资本充足率过高会引致众多风险，过低则会导致商业银行抗风险能力下降，因此资本充足率指标存在上、下警限。

**（二）指标警限**

顾海兵和张敏（2017）基于专家调查和文献整理法，在统计调查各方观点的基础上，对各指标上下警限进行了研究，本章分析中均采用此研究结果（见表5-3）。

表5-3    各指标上下警限

| 指标 | 下警限 | 上警限 |
|---|---|---|
| 商业银行不良贷款率 | — | 4% |
| 商业银行资本充足率 | 12% | 20% |
| 国债负担率 | 20% | 60% |

依据各指标的上下警限，参考之前的研究成果，本报告对各指标的安全区间进行了划分（见表5-4、表5-5、表5-6）。

表5-4    国债负担率安全区间划分

| 定量数值 | 安全区间 |
|---|---|
| [0, 15%) | [0, 60) |
| [15%, 22.5%) | [60, 100) |
| [22.5%, 45.0%) | (60, 100] |
| [45.0%, 100) | [0, 60) |

资料来源：由笔者计算所得。

表 5 - 5　　　　　　　　　　　不良贷款率安全区间划分

| 定量数值 | 安全区间 |
|---|---|
| (4%, 100%] | [0, 60) |
| (0%, 4%] | [60, 100) |
| 0% | 100 |

资料来源：由笔者计算所得。

表 5 - 6　　　　　　　　　　　资本充足率安全区间划分

| 定量数值 | 安全区间 |
|---|---|
| [0%, 12%) | [0, 60) |
| [12%, 16%) | [60, 100) |
| [16%, 20%) | (60, 100] |
| [20%, 100%] | [0, 60) |

资料来源：由笔者计算所得。

根据各指标的安全得分，本报告将安全类型划分为 5 种：极度不安全、不安全、轻度不安全、基本安全、安全（见表 5 - 7）。

表 5 - 7　　　　　　　　　　　安全类型判断标准

| 安全得分 | 安全类型 |
|---|---|
| [0, 20) | 极度不安全 |
| [20, 40) | 不安全 |
| [40, 60) | 轻度不安全 |
| [60, 80) | 基本安全 |
| [80, 100] | 安全 |

资料来源：由笔者计算所得。

## 5.2　财政领域安全能力分析：2017 年监测

本节对 2017 年经济安全能力中的财政领域安全状况进行测算。根据评价指标体系，本报告中财政领域的指标选取的是国债负担率，通过对国债负担率运用插值法进行安全得分的评定，进而分析出 2017 年财政领域安全状况。

国债负担率是指当年国债余额（内债）与当年国内生产总值的比值，即国债负担率＝国债余额（内债）/年度 GDP。

近年来我国经济增长放缓，实际 GDP 增长速度呈缓慢下降趋势。根据国家统计局公布的数据，2012 年我国实际 GDP 增长率为 7.70%，2017 年为 6.9%[①]，总体降幅不大，但对经济影响不可小觑。反观我国国债余额（内债）增长率总体呈微增的趋势，2017 年达到 12.3%[②]。我国的国债负担率一直很低，一直都低于 20%，相比之下，《马斯特里赫特条约》要求欧盟国家政府债务占国内生产总值的比率为 60%。

2012—2015 年，我国国债负担率一直呈上趋势，但上升幅度不大。根据财政部公布的数据，截至 2017 年末，中央财政国债余额为 133 447.44 亿元[③]。根据统计局公布的数据，2017 年我国名义 GDP 为 827 122 亿元[④]，由此计算得出我国国债负担率为 16.13%（见图 5 - 1）。

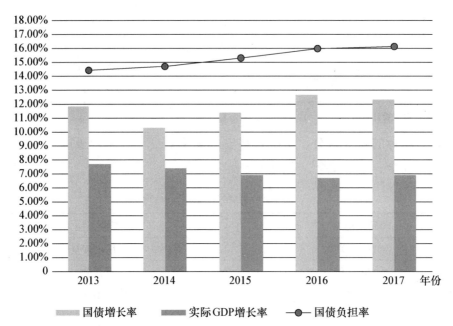

图 5 - 1　我国国债、实际 GDP 增长率及国债负担率（2013—2017 年）

根据顾海兵和丁孙亚（2015），对我国经济安全类型进行分析，首先计算出 2017 年各指标的监测值；再基于各指标的安全区间，确定 2017 年指标所属区间；再运用插值法，计算得出安全得分，并据此判断安全类型；最后基于各指标权重，得出财政金融领域的整体得分和安全类型。

2017 年，我国国债负担率为 16.13%，可知处于 15%～22.5% 区间内。运用插值法，设安全得分为 $y$，从而有等式

---

① 数据来源：国家统计局。
② 数据来源：财政部网站。
③ 数据来源：财政部网站。
④ 数据来源：国家统计局。

$$y=60+\frac{(16.13-15)(100-60)}{(22.5-15)}$$

解出安全得分 $y=66.03$。根据安全类型标准，2017 年国债负担率处于基本安全状态。

依据上述方法，计算出 2013—2017 年的国债负担率安全得分，并判断出相应的安全类型，结果如表 5-8 所示。从表中可以看出，2013 年以来，我国国债负担率的安全得分在逐步上升，安全类型由最初的轻度不安全逐步转变为基本安全。

**表 5-8　　　　　　　　　　　2013—2017 年国债负担率安全得分及类型**

| 年份 | 国债余额（亿元） | 国债负担率（%） | 安全得分 | 安全类型 |
| --- | --- | --- | --- | --- |
| 2017 | 133 447.44 | 16.13 | 66.03 | 基本安全 |
| 2016 | 118 811.24 | 15.98 | 65.23 | 基本安全 |
| 2015 | 105 467.48 | 15.31 | 61.65 | 基本安全 |
| 2014 | 94 676.31 | 14.79 | 58.88 | 轻度不安全 |
| 2013 | 85 836.05 | 14.42 | 56.90 | 轻度不安全 |

注：2017 年国债负担率为笔者计算所得；2013 年至 2017 年数据来源于历年《中国统计年鉴》。

## 5.3　金融领域安全能力分析：2017 年监测

本节对 2017 年经济安全能力中的金融领域安全状况进行测算，根据评价指标体系，本报告中金融领域共包括两个指标，分别是商业银行不良贷款率和商业银行资本充足率，再运用插值法对其进行安全得分的评定，从而分析出 2017 年金融领域安全状况。

### 5.3.1　不良贷款率 2017 年监测

不良贷款率是指借款人无法按期归还、造成银行不能正常收回本利的那部分贷款占全部贷款的比重，计算公式为不良贷款率＝不良贷款额/总贷款额。不良贷款率是评估商业银行面临风险的一个重要指标。

根据原银监会公布的数据，截至 2017 年年底，我国商业银行不良贷款余额 17 100 亿元，不良贷款率 1.75%，与 2016 年接近。

2013—2016 年四年，我国商业银行不良贷款和不良贷款率呈现出同步增长的趋势，一方面是因为我国经济增长放缓，国内产能过剩严重，另一方面是因为外部需求不足致使我国企业对外贸易下滑，盈利下降，这两方面因素都导致我国商业银行信用风险增加。2017 年虽不良贷款总额仍在增加，但增速放缓（见图 5-2）。

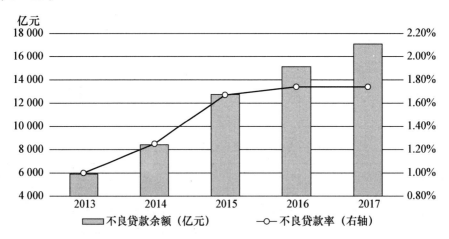

图 5-2　我国不良贷款余额及不良贷款率（2013—2017 年）

2017 年 1.75% 的不良贷款率处于 0～4% 区间内。运用插值法，将不良贷款率代入计算公式内，可以得到百分制的安全得分。

经过计算，得知不良贷款率安全得分为 82.5 分。根据安全类型标准，2017 年不良贷款率处于安全状态。

依据上述方法，计算出 2014—2017 年的不良贷款率安全得分，并判断出相应的安全类型，结果如表 5-9 所示。从表 5-9 中可以看出，2014 年以来，我国不良贷款率的安全得分在逐步降低，但仍然处于安全状态。

表 5-9　　　　　2014—2017 年商业银行不良贷款率安全得分及类型

| 年份 | 不良贷款余额（亿元） | 贷款余额（亿元） | 不良贷款率（%） | 安全得分 | 安全类型 |
| --- | --- | --- | --- | --- | --- |
| 2017 | 17 100 | 977 860 | 1.75 | 82.5 | 安全 |
| 2016 | 15 122 | 866 877 | 1.74 | 82.6 | 安全 |
| 2015 | 12 744 | 761 354 | 1.67 | 83.3 | 安全 |
| 2014 | 8 426 | 674 728 | 1.25 | 87.5 | 安全 |

### 5.3.2　资本充足率 2017 年监测

资本充足率是指商业银行资本额与加权风险资产的比值，代表商业银行以自有资本偿还债务的能力，其也被称为资本风险（加权）资产率。

2013 年 1 月 1 日，我国实行《商业银行资本管理办法（试行）》，对商业银行资本进行监管，同时废止原《商业银行资本充足率管理办法》。中国银行业监督管理委员会根据《商业银行资本管理办法（试行）》，对商业银行的资本充足率以及资本管理状况进行监督检查，并采用相应的监管措施。因此，自 2013 年第 1 季度起，银监会披露的资本充足率相关指标调整均为按照新办法计算的结果，与历史数据不能直接比较。由于监管部门对商业银行信用风险状况逐渐加大重视力度，在新的监管法规之下，资本充足率计算方法也更加严格，所以本报告只研究了自新监管政策出台后，也就是 2013 年之后的资本充足率状况（见图 5 - 3）。

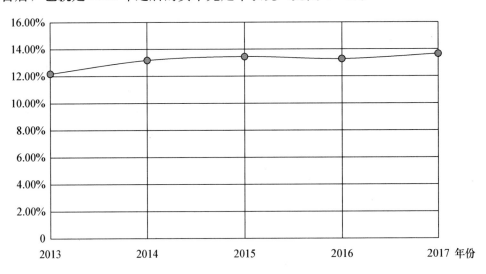

**图 5 - 3　我国资本充足率（2013—2017 年）**

根据原银监会公布的数据，截至 2017 年末，资本充足率为 13.65％，较 2016 年底略有上升。2017 年 13.65％的资本充足率处于 12％～16％区间内。运用插值法，将资本充足率代入计算公式内，可以得到百分制的安全得分。经过计算，得知资本充足率安全得分为 76.5 分。根据安全类型标准，2017 年资本充足率处于基本安全状态。

依据上述方法，计算出 2013—2017 年的资本充足率安全得分，并判断出相应的安全类型，结果如表 5 - 10 所示。

**表 5 - 10　　　　　　　　2013—2017 年商业银行资本充足率安全得分及类型**

| 年份 | 资本充足率（％） | 安全得分 | 安全类型 |
| --- | --- | --- | --- |
| 2017 | 13.65 | 76.5 | 基本安全 |
| 2016 | 13.28 | 72.8 | 基本安全 |
| 2015 | 13.45 | 74.5 | 基本安全 |
| 2014 | 13.18 | 71.8 | 基本安全 |
| 2013 | 12.19 | 61.9 | 基本安全 |

## 5.4　2017 年财政金融安全能力监测

　　根据上文中经济安全能力中的财政领域安全得分和金融领域安全得分测算财政金融领域安全状况。基于各指标在经济安全能力体系中的权重，可计算得到财政金融领域的加权安全得分，将加权安全得分转换为百分制度得分，便可判断财政金融安全能力的安全类型。

　　财政金融领域加权安全得分满分是 22 分。将加权安全得分除以安全满分，即可将加权安全得分换算为百分制得分。根据上述规则，计算得到 2017 年财政金融安全能力的加权安全得分为 17.08 分，换算百分制得分为 77.65 分，处于基本安全状态。

　　本报告也计算了 2013—2017 年我国财政金融安全能力的安全得分，如表 5-11 所示。从表 5-11 中可以看出，近五年我国财政金融领域经济安全能力均处于基本安全状况，2015 年和 2016 年两年安全得分相较于 2014 年有所下降，但 2017 年安全得分又出现小幅上升。

表 5-11　　经济安全能力中的财政金融领域安全得分及类型（2013—2017 年）

| | 权重 | 2013 | 2014 | 2015 | 2016 | 2017 |
|---|---|---|---|---|---|---|
| 国债负担率 | 4% | 56.90 | 58.88 | 61.65 | 65.23 | 66.03 |
| 不良贷款率 | 11% | 90.0 | 87.5 | 83.3 | 82.6 | 82.6 |
| 资本充足率 | 7% | 61.9 | 71.8 | 74.5 | 72.8 | 76.5 |
| 加权安全得分 | | 16.51 | 17.0 | 16.84 | 16.79 | 17.08 |
| 加权安全得分换算为百分制 | | 75.04 | 77.3 | 76.56 | 76.32 | 77.65 |
| 安全类型 | | 基本安全 | 基本安全 | 基本安全 | 基本安全 | 基本安全 |

　　将本报告中的监测结果与上一年报告中的预警结果进行比较分析，有助于判断预警方法的准确性。现将《中国经济安全年度报告：监测预警 2017》中的预警预测结果和本报告的监测结果进行比较，如表 5-12 所示。

表 5-12　　　　　　　　　2017 年预警与监测结果比较

| | 国债余额（亿元） | 国债负担率 | 商业银行不良贷款率 | 资本充足率 |
|---|---|---|---|---|
| 2017 年预警 | 134 232 | 16% | 1.82% | 13.65% |
| 2017 年监测 | 133 447.44 | 16.13% | 1.75% | 13.65% |
| 2017 年预警（安全类型） | — | 基本安全 | 基本安全 | 基本安全 |
| 2017 年监测（安全类型） | — | 基本安全 | 安全 | 基本安全 |

### 5.4.1　国债负担率预警与监测结果比较

　　《中国经济安全年度报告：监测预警 2017》利用国债新增余额与财政预算赤字

之间的关系建立一元线性回归方程，根据 2017 年中央财政预算赤字数额预测出国债新增余额，进而预测出国债余额。

根据 2017 年中央财政预算，2017 年中央财政赤字为 15 500 亿元，得出 2017 年国债余额增量预测值为 15 421 亿元，2017 年国债余额预测值为 134 232 亿元。

根据公式：2017 年名义 GDP＝2016 年名义 GDP×（1＋2017 年实际 GDP 预计增速）×（1＋2017 年预计通货膨胀率），得出 2017 年名义 GDP 预测值为 808 345 亿元～809 930 亿元，其中 2017 年中国 GDP 增长率预计为 6.5%，2017 年 CPI 增长率预计为 2.0%～2.2%。

利用国债负担率等于国债余额与当年国内生产总值的比值，得出 2017 年的国债负担率约为 16%。

实际上，2017 年中央国债余额 133 447.44 亿元，2017 年名义 GDP 为 827 122 亿元，实际 GDP 增长率为 6.9%，CPI 增长率为 1.6%[①]；国债负担率为 16.13%。比较预测与监测结果可以发现，国债余额预测值偏高，名义 GDP 预测值偏低，但是国债负担率预测值非常接近实际值，因此预测方法有效。

## 5.4.2　不良贷款率预警与监测结果比较

《中国经济安全年度报告：监测预警 2017》对 2009—2016 年间的商业银行不良贷款率曲线和趋势线进行比较，发现两条曲线基本保持重合状态，因此采用了双周期移动平均法对商业银行不良贷款率进行预测。根据预测方法，得出 2017 年商业银行不良贷款率预测值约为 1.82%。而根据原银监会公布的数据，2017 年商业银行不良贷款率为 1.74%，相差 0.08 个百分点，预测效果较好。

## 5.4.3　资本充足率预警与监测结果比较

《中国经济安全年度报告：监测预警 2017》采用一阶差分法预测 2017 年商业银行资本充足率为 13.65%。

根据原银监会公布的数据，2017 年商业银行资本充足率为 13.65%，与预测值完全一样，预测效果非常好。

此外需要注意，在采用数理方法预测国债余额、名义 GDP、国债负担率、不良贷款率、资本充足率时还应考虑外生的政策因素以及重要事件的时滞影响，从而使得预警更接近于实际监测值。

---

① 数据来源：国家统计局。

## 5.5　财政领域安全能力：2018 年预警

　　将 2017 年预警和监测结果相比较，可见预测值与实际值非常相近，可以认为预测方法较准确，效果较好，因此 2018 年财政领域安全能力预警仍采取 2017 年预警方法，即运用一元线性拟合法对国债负担率进行预测。

### 5.5.1　国债余额规模预测

　　2018 年国债余额预测值＝2017 年国债余额实际数＋2018 年国债余额增量预测值。因此要想预测 2018 年国债余额必须先预测出 2018 年国债余额增量。本报告基于 2018 年中央财政赤字与国债余额增量之间的关系，运用一元线性回归方法，测出 2018 年国债余额规模。

　　为刺激经济发展或者其他原因，一国往往会采取积极财政政策，加大财政支出。我国政府在每年年初制定当年的财政预算方案，规定了当年中央财政赤字。为了弥补财政赤字，政府一般会选择发行国债。将每年国债发行数额减去当年到期国债数额之后便是当年国债余额增量，而当年国债余额增量主要用来弥补当年的中央财政赤字，因此二者之间有一定的关系。所以，可以基于中央财政赤字与国债余额增量之间的关系，对国债余额增量进行预测，并进而预测出 2018 年国债余额数量。

　　2009—2017 年国债余额增量与中央财政赤字散点图见图 5-4。

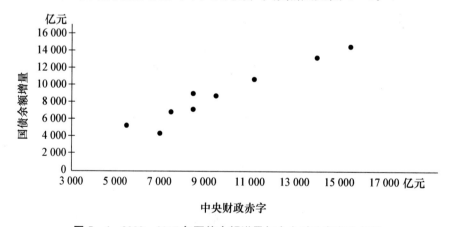

**图 5-4　2009—2017 年国债余额增量与中央财政赤字散点图**

注：一个圆点对应一个年份的国债余额增量和中央财政赤字。
资料来源：财政部网站。

　　从图 5-4 可以看出，国债余额增量与中央财政赤字之间具有明显的线性关系。构建一元线性回归方程，设国债余额增量的对数为因变量 $LNY$，中央财政赤字的

对数为自变量 $LNX$，经过回归检验后，得到估计结果：

$$LNY_t = -1.1983 + 1.1206LNX_t$$
$$(-0.81) \quad (6.91)$$

$$R^2 = 0.872$$

该方程各项系数的统计检验量均通过 5% 的显著性水平检验，$R^2 = 0.872$，显示方程拟合度良好，可以运用该方程进行预测。根据 2018 年中央财政预算，2018 年中央财政赤字为 15 500.00 亿元，根据方程可得，2018 年内债余额增量预测值为 14 971.68 亿元。2017 年内债余额实际数是 133 447.44 亿元，因此 2018 年内债余额预测值为 148 419.12 亿元。该预测值未超过 2018 年内债余额管理限额 156 908.35 亿元，是有效估计。

### 5.5.2　名义 GDP 预测

2018 年名义 GDP＝2017 年名义 GDP×(1＋2018 年实际 GDP 预计增速)×(1＋2018 年预计通货膨胀率)，因此要想预测 2018 年名义 GDP 必须先预测出 2018 年实际 GDP 增速和通货膨胀率。中国经济形势预测与分析课题组《经济蓝皮书：2018 年中国经济形势分析与预测》认为 2018 年是全面贯彻落实党的十九大精神的开局之年，经济社会发展具有良好支撑基础和许多有利条件，预计经济增速保持在 6.7%。居民消费价格指数（CPI）增长率 2.0%。中国人民大学《中国宏观经济分析与预测（2017—2018)》认为 2018 年中国宏观经济将保持相对平稳的发展态势，预计实际 GDP 增速将为 6.7%，CPI 将上涨 2.3%。因此本报告预计 2018 年实际 GDP 增速为 6.7%，CPI 增长率 2.0%～2.3%。将数值代入上述计算公式可得，2018 年名义 GDP 预测值为 900 189.96 亿元～902 837.58 亿元。

### 5.5.3　国债负担率预测及安全预警

根据 2018 年国债余额和名义 GDP 的预测值，可以得出 2018 年的国债负担率约为 16.4%。利用国债负担率安全得分的计算公式，可以得到 2018 年国债负担率安全得分为 67.5 分，处于"基本安全"区间内。

## 5.6　金融领域安全能力：2018 年预警

将 2017 年预警和 2017 年监测结果相比较，可见预测值与实际值很相近，因此可以认为预测方法较准确，效果较好，因此2018年金融安全能力预警仍采取2017年预警方法，即运用双周期移动平均法对商业银行不良贷款率进行预测，运用一阶差分法对资本充足率进行预测。移动平均法是指根据时间序列数据，逐项推移，计算出包含二定项数的序时平均数，又可以称为定长平均。一般认为越是远期的数据对预测值的影响越小，而越是近期的数据影响越大，所以在移动平均法中仅取 $n$ 个近期数作平均。当 $n$ 为2时便称为双周期移动平均法。一元线性回归方法是指分析一个因变量和一个自变量之间线性关系的方法。当自变量的数值给定时，便可根据回归方程中的线性系数预测出因变量的数值。

### 5.6.1 商业银行不良贷款率预警

如图5-5所示，2011年第一季度至2017年第四季度，我国商业银行不良贷款率与其双周期移动平均趋势线基本重合，2017年两条曲线重合度非常高。根据双周期移动平均法公式：

$$\sum_{j=1}^{m} w_{m+1-j} = 1$$

$$x_{t+1} = \sum_{j=1}^{m} w_{m+1-j} x_{t+1-j}$$

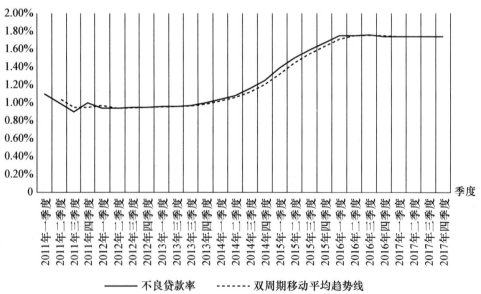

图5-5 2011年第一季度至2017年第四季度商业银行不良贷款率与双周期移动平均趋势线

资料来源：笔者整理计算。

由于双周期移动平均法下的两个权重之和为 1，而自 2016 年第四季度以来（近 5 期）商业银行不良贷款率全部为 1.74%，所以可以直接预测 2018 年第一季度指标值仍是 1.74%，无须计算具体权重值。同理第二、三、四季度仍保持 1.74%，其中第四季度数值即为年度预测结果。不良贷款率＝不良贷款余额/贷款余额，年度余额就是第四季度余额。所以原银监会只发布季度数据，没有专门的年度数据。季度数据的好处是预测更准确（因为数据量是年度数据的 4 倍），预测时只看第四季度的情况即可。因此，2018 年我国商业银行全年不良贷款率预测值约为 1.74%。从图 5-5 中也可以看出，国家对商业银行不良贷款率监管日趋严格，虽 2011 年第三季度开始一直到 2016 年第三季度，不良贷款率呈现出不断上涨的走势，但是 2016 年第四季度至今，不良贷款率保持平稳态势。未来随着我国市场监管力度不断加大，商业银行不良贷款率不太可能出现大幅度的增长，因此 2018 年 1.74% 的预测值符合预期。

根据前文划分的安全区间，计算 2018 年不良贷款率安全得分为 82.6 分，处于安全状态。

## 5.6.2 商业银行资本充足率预警

自从 2013 年中国银行业监督管理委员会出台《商业银行资本管理办法（试行）》，新办法对我国商业银行资本充足率的计算方法加以规范，监管要求也日趋严格，对降低我国商业银行资本充足率有很重要的推动作用，使得 2013 年商业银行资本充足率有所下降。

观察表 5-13 中的 2003—2017 年资本充足率指标，发现波动很小，整体非常平稳。计算变异系数 $\beta$ 为 0.043，考虑用移动平均法预测 2018 年资本充足率。给 2017 年、2016 年、2015 年、2014 年、2013 年分别赋予权重 0.5、0.25、0.125、0.075、0.05，所以有移动平均预测公式：

$$y_{2018}=0.5 \times y_{2017}+0.25 \times y_{2016}+0.125 \times y_{2015}+0.075 \times y_{2014}+0.05 \times y_{2013}$$

表 5-13　　　　2013 年第一季度以来商业银行资本充足率　　　　（%）

| | 资本充足率 | 资本充足率（年度算数平均值） |
|---|---|---|
| 2013 年第一季度 | 12.28 | |
| 2013 年第二季度 | 12.24 | 12.22 |
| 2013 年第三季度 | 12.18 | |
| 2013 年第四季度 | 12.19 | |

续前表

| | 资本充足率 | 资本充足率（年度算数平均值） |
|---|---|---|
| 2014 年第一季度 | 12.13 | |
| 2014 年第二季度 | 12.40 | 12.66 |
| 2014 年第三季度 | 12.93 | |
| 2014 年第四季度 | 13.18 | |
| 2015 年第一季度 | 13.13 | |
| 2015 年第二季度 | 12.95 | 13.17 |
| 2015 年第三季度 | 13.15 | |
| 2015 年第四季度 | 13.45 | |
| 2016 年第一季度 | 13.37 | |
| 2016 年第二季度 | 13.11 | 13.27 |
| 2016 年第三季度 | 13.31 | |
| 2016 年第四季度 | 13.28 | |
| 2017 年第一季度 | 13.26 | |
| 2017 年第二季度 | 13.16 | 13.35 |
| 2017 年第三季度 | 13.32 | |
| 2017 年第四季度 | 13.65 | |

代入历史数据，得 2018 年预测值 13.2%，根据前文划分的安全区间，13.2% 处于 12%～16% 的第二区间内。运用插值法计算 2018 年资本充足率安全得分为 72.0 分，处于基本安全区间。

## 5.7 2018 年财政金融安全能力预警

根据 2018 年财政金融领域经济安全能力各指标得分预测值，以及各指标在经济安全总体框架中的权重，可以计算出 2018 年财政金融能力的总体安全得分预测值为 77.68 分，处于基本安全状态。与 2017 年监测的安全得分相比，2018 年预测得分上涨不大，处于一种稳定的状态。

表 5-14　　　　　2018 年财政金融领域安全得分及安全类型

| | 权重 | 2013 年 | 2014 年 | 2015 年 | 2016 年 | 2017 年 | 2018 年预测 |
|---|---|---|---|---|---|---|---|
| 国债负担率 | 4% | 58.9 | 60.0 | 64.3 | 65.9 | 66.03 | 67.5 |
| 不良贷款率 | 11% | 90.0 | 87.5 | 83.3 | 82.6 | 82.6 | 82.6 |
| 资本充足率 | 7% | 61.9 | 71.8 | 74.5 | 72.8 | 76.5 | 72.0 |
| 总体得分 | | 16.6 | 17.0 | 16.9 | 16.8 | 17.08 | 17.09 |
| 总体得分折为百分制 | | 75.4 | 77.5 | 77.0 | 76.4 | 77.65 | 77.68 |
| 安全类型 | | 基本安全 | 基本安全 | 基本安全 | 基本安全 | 基本安全 | 基本安全 |

分指标来看，国债负担率的安全级别仍相对较低。主要原因是国债规模过小，未能充分发挥国债在经济中能够发挥的积极作用。

商业银行不良贷款率指标得分不变，这是因为 2018 年不良贷款率预期与 2017 年一致。虽我国不良贷款率近两年处于一种稳定的态势，但是未来我们仍不能放松监管力度。

资本充足率得分较 2017 年有所下降。虽商业银行资本充足率从 2013 年至 2017 年总体上具有增长的趋势，但是在绝对量上仍然偏低，且增长幅度不断缩小。随着 2016 年我国新的资本监管标准的全面实施，当前商业银行资本充足率将仅仅稍微高出政府规定的最低资本充足率要求（系统性银行为 11.5%，非系统性银行为 10.5%）；相对于资本充足率的下警限 12%，也仅仅高出约 1 个百分点。所以，当前商业银行还需要进一步充实资本金，以提高资本充足率，加强自身抗风险的能力。

【执笔人：李洁】

# 第6章 经济安全能力之实体产业领域

**摘要：**根据往年报告，实体产业经济安全能力主要体现在创新能力和国际竞争力两个方面，本章共选取了三个指标，分别是500强企业研发投入比、中国PCT（Patent Cooperation Treaty，PCT，《专利合作条约》）专利申请量全球占比和产业国际竞争力指数。考虑到国家经济安全所关注的实体产业是第二产业，而产业国际竞争力指数中还包含第一产业和第三产业中的部分行业，故用制造业国际竞争力指数代替产业国际竞争力指数。监测模型方面，由于三个指标都只有下警限，计算安全得分时存在困难，故本章对监测模型进行了优化，即综合相关文献和国际警戒线确定各指标取值范围，并重新建立了安全得分计算公式。预警模型方面，从历年预警结果来看，往年报告所采用的移动平均法在预测效果上并不理想，故进行2018年预警时将尝试新的预测方法，即用灰色模型预测500强企业研发投入比和制造业国际竞争力指数，用生长曲线模型来预测中国PCT专利申请量和世界PCT专利申请量。

2017年，中国500强企业研发投入比为1.45%，略低于1.50%的指标安全警限，对应得分为58分，处于轻度不安全区间。中国PCT专利申请量全球占比为20.1%，高出下警限5.1个百分点，对应安全得分为80分，处于基本安全和安全区间的临界位置。制造业国际竞争力指数尚无法获得，根据移动平均法并结合国内外制造业贸易情况，预计2017年我国制造业国际竞争力指数为102.8，略高于102的安全警戒线，对应安全得分为64分。

2018年，中国500强企业研发投入比的预测值为1.41%，对应的安全得分为56分，比2017年略有下降，仍处于轻度不安全区间。2018年中国PCT专利申请量增长速度超过 10%，中国 PCT 专利申请量全球占比进一步提升至 21.3%，对应安全得分为 85 分，处于安全区间。制造业国际竞争力指数逐年上升，2018 年将达到 102.93，但竞争优势不够突出，对应安全得分为 67 分，处于基本安全区间。

从监测和预警结果来看，要提升中国经济安全能力必须着力提升研发投入强度和国际竞争力。事实上，研发创新能力与国际竞争力是相辅相成的关系，充足的研发投入是提升一国实体产业创新能力和国际竞争力的源头，故研发投入偏低是制约中国经济安全水平提升的关键因素。随着发达国家技术保护力度不断加大，同时随着国内劳动力工资、土地使用价格和环境治理成本快速上涨，传统国际竞争优势日渐式微，实体产业发展必须向自主创新驱动转变。在新一轮技术革命的冲击下，推动工业化与信息化深度融合，是决定中国实现技术反超、跨越"中等收入陷阱"的关键。未来对实体产业经济安全能力状况的关注，不仅要看研发投入规模和专利成果数量，也要关注研发投入的技术构成，推动技术创新向前沿新兴领域集中，打破关键领域国外技术垄断。此外，更要关注创新成果的应用转化率，打破技术研发孤岛和创新链条断裂现状。

实体产业是创造物质财富的关键部门，是经济和社会发展的物质基础，同时也对财政金融、战略资源和宏观稳定等领域的经济安全具有重要影响，因此在经济安全能力中占有较高的权重，对实体产业领域进行监测预警分析是经济安全能力监测和预警的重要内容。

## 6.1　经济安全能力中的实体产业领域

对经济安全能力中的实体产业领域进行预警分析，首先需要明确实体产业在国家经济安全系统中的地位和作用，同时需要建立实体产业经济安全能力监测和预警的方法论，从而为监测和预警分析奠定理论基础。

### 6.1.1　国家经济安全与实体产业

实体产业在国家经济安全体系中具有重要职能地位。首先，实体产业的重要性体现在实体产业自身的重要性上。生产物质产品的实体产业是社会物质财富的主要来源，实体产业的规模和竞争力决定了国家财富的数量和质量。实体产业生产活动是将物质资源转化为物质产品，为人类提供各种生产和生活资料，满足居民吃穿住用行方面的基本需求，如果实体经济不能健康发展，人类生存、发展和享受的消费需求也就失去可靠保障。实体产业生产活动需要利用已掌握的知识和技能并对各种工具和设备加以运用，是一国技术发展水平和研发创新能力的重要体现，技术和研发实力越强，则该国在国际分工产业链中所处地位越高，经济稳定发展就越有保障。

其次，实体产业的重要性体现在实体产业对其他子领域安全的重要影响和作用。第一，实体产业安全与财政金融安全是相辅相成的关系，二者之间既有实体产业与虚拟产业彼此依赖和相互促进的关系，同时从宏观视角来看，财政政策和货币政策的制定本质上也是要促进实体产业健康发展，反过来说，实体产业的发展也离不开合理的财政政策和货币政策支持。第二，实体产业对战略资源安全的影响也主要体现在两个方面：一是资源能源的生产和获取本身就是一种实体产业生产活动；二是随着国际贸易规模不断扩大，实体产业发展情况对于石油、煤炭、铁矿石等大宗商品价格的影响日益突出，而大宗商品的价格波动直接影响到战略资源的安全。第三，实体产业是宏观稳定和社会和谐的重要保障，实体产业的发展情况直接影响到产品价格、劳动就业、经济增长和经济均衡发展。相比虚拟产业，实体产业具有更高稳定性和低风险性，对于维持宏观经济稳定具有重要作用。实体产业能够吸纳大量就业、增加财政税收、推进基本公共服务均等化和提高居民收入水平等。因此，实体产业健康发展对于树立正确的价值观和幸福观，确保社会和谐稳定，经济可持续发展具有重要意义。

## 6.1.2 实体产业安全能力评估指标体系

实体产业安全能力体现一国实体产业的抗冲击和防风险的能力，主要取决于该国实体产业的发展潜力和竞争实力。作为全球第一大贸易国和第二大经济体，中国应始终牢记落后就要挨打的深刻教训，清醒地认识到不发展便要落后。在信息化时代，实体产业呈现智能化、网络化和扁平化发展趋势，竞争不再是单个企业之间或者单个类别的产品之间的竞争，而是不同国家或地区围绕某个产业链的竞争。因此如果不提高实体产业国际竞争力，在全球产业链竞争中占据有利地位，国内某些产业甚至整个实体产业都将失去生存和发展机会，不发展就是最大的不安全。

产业是同一领域中企业生产活动的综合，因此实体产业国际竞争力的提升最终应落脚到企业层面。随着信息技术不断发展，全球竞争进入白热化阶段，企业之间的竞争实质上是技术实力的竞争，因而企业的研发创新能力决定了企业的发展潜力。自主创新能力越强，实体产业稳定发展就越有保障。评价企业创新能力可以从投入和产出两个角度出发，分别考察企业研发投入强度和专利创新成果。研发投入是专利产出的因，专利产出是研发投入的果，将二者综合起来才能反映一国实体产业总体创新水平。

产业国际竞争力是一个综合性指标，需要综合考虑多方面影响因素，单一指标很难全面反映一国实体产业的整体竞争实力。中国海关每年发布国民经济行业国际竞争力指数，该指数综合了五个分指数，即国际市场占有率、显示性指数、贸易竞争指数、出口增长率优势指数和出口比重指数，分别从规模、效益和发展的角度反映了国民经济各行业的国际竞争力。该指数的评估数据来源于全球贸易信息系统（GTA），涵盖了63个国家和地区的贸易数据，约占全球贸易额的93%。国民经济行业国际竞争力总指数中包括了第一产业、第二产业以及第三产业中的部分行业，如交通运输、仓储和邮政业，水利、环境和公共设施管理业，以及文化、体育和娱乐业。国家经济安全所关注的实体产业主要是第二产业，故选择制造业国际竞争力指数作为评价指标。

因此，在国家经济安全评估指标体系中，实体产业领域的经济安全能力评估共包括三项指标，分别为中国500强企业研发投入比、中国PCT专利申请量全球占比以及制造业国际竞争力指数，权重总计为43%。各项指标权重和上下警限如表6-1所示。

表6-1　　　　　　　　　　实体产业经济安全能力评价指标体系

| 领域 | 指标 | 权重 | 下警限 | 上警限 |
|------|------|------|--------|--------|
| 创新能力 | 中国500强企业研发投入比 | 20% | 1.5% | — |
| | 中国PCT专利申请量全球占比 | 10% | 15% | — |
| 国际竞争力 | 制造业国际竞争力指数 | 13% | 102 | — |

资料来源：《中国经济安全年度报告：监测预警2014》。

## 6.1.3　实体产业安全能力监测和预警方法论

实体产业经济安全能力监测和预警是对实体产业安全能力当前水平的评估和未来水平的预判。监测的方法论即如何将评价指标数值转化为安全能力得分，预警的方法论即使用何种方法和模型对各项指标进行预测。

（1）实体产业安全能力监测方法论。

计算某一指标$X_i$的安全得分$S_i$，通常需要确定指标的上警限$X_{inf}$，下警限$X_{sup}$，指标最大值$X_{max}$和最小值$X_{min}$。由于实体产业安全能力中，三项指标数值越高表示安全能力水平越高，故只确定了其下警限。其中，中国500强企业研发投入比和中国PCT专利申请量全球占比为比值类指标，其取值范围在0~100%之间，但指标取值不可能达到0或100%，企业不可能将所有销售收入用于研发，全球PCT专利申请不可能全部来自中国。制造业国际竞争力指数更为特殊，其取值通常没有上下限。因此，需要给各指标指定一个合理的取值区间，即结合实际经济情况为指标设定一个上确界和下确界，分别用 $\overline{X}$ 和 $\underline{X}$ 表示，将 $[\underline{X}, \overline{X}]$ 作为该指标的取值区间。指标取值 $X_i$ 高于下警限时表示进入基本安全状态，当 $X_i$ 超过上确界 $\overline{X}$ 以后就认为进入绝对安全状态，即当 $X_i > \overline{X}$ 时安全得分达到 100 分，而当 $X_i < \underline{X}$ 时安全得分为 0 分。通过整理相关文献并借鉴国际警戒线，可以大致确定实体产业安全各指标的上确界和下确界，如表 6-2 所示。

表 6-2　　　　　　　　　实体产业经济安全能力评价指标取值区间

| 领域 | 指标 | 下确界 | 上确界 |
|---|---|---|---|
| 创新能力 | 中国 500 强企业研发投入比 | 0 | 20% |
| | 中国 PCT 专利申请量全球占比 | 0 | 25% |
| 国际竞争力 | 制造业国际竞争力指数 | 95 | 110 |

资料来源：笔者整理。

指标安全得分计算公式为：

$$S_i = \begin{cases} 0 & X_i < \underline{X} \\ 60 \cdot \dfrac{X_i - \underline{X}}{X_{inf} - \underline{X}} & \underline{X} \leqslant X_i \leqslant X_{inf} \\ 60 + \dfrac{40(X_i - X_{inf})}{\overline{X} - X_{inf}} & X_{inf} \leqslant X_i \leqslant \overline{X} \\ 100 & \overline{X} < X_i \end{cases}$$

（2）实体产业安全能力预警方法论。

实体产业安全能力三个指标的影响因素都较为复杂，其预测方法应根据指标的具体性质做具体分析。中国 500 强企业研发投入比的变动具有较高的随机性，一是每年入围中国 500 强的企业存在一定差异，二是 500 强企业中每年能够提供研发数据的企业也不尽相同，三是企业营收状况和研发支出状况也存在较大波动。长期来看，中国 500 强企业研发投入强度呈现波动上升趋势。制造业国际竞争力指数的短期变动同样具有不确定性，主要是因为该指数由五个分指数通过复杂函数加权综合而成，且五个分指数本身构成就较为复杂，故预测制造业国际竞争力指数时应将其作为一个整体。

对这两个变动趋势不确定的指标进行预测时，可采用的方法包括移动平均、灰色模型、马尔科夫链以及神经网络等。神经网络预测法将数据分为训练集和测试集，对数据量有一定要求。马尔科夫链对数据量要求不高，但需要进行"马氏性"

检验，即经过较长一段时间后数据呈现平稳分布，表明该马氏链与初始状态无关且前后两期的状态概率相等。因而进行短期预测时，移动平均和灰色模型更为适用。往年的经济安全报告采用的是加权移动平均法，对前五年数据分别赋予了 10％、15％、20％、25％ 和 30％ 的权重。但将前一年的预警结果与当年的监测结果进行比较发现，单独用加权移动平均法往往不能取得理想的预测效果，可以尝试运用灰色模型方法进行预测。灰色预测常用的是 GM（1，1）模型，由于预测过程较为复杂，通常直接通过软件编程实现，故不再对模型进行赘述。

中国 PCT 专利申请量全球占比需要分别对分子和分母进行预测，即预测中国 PCT 专利申请量和全球 PCT 专利申请量。专利是研发成果的一种表现形式，受投入研发的资金、人力以及知识存量等因素的影响，因此可以通过多元线性回归法来预测占比。往年报告曾尝试运用多元线性回归模型分别对中国和全球 PCT 专利申请量进行预测，但并未获得具有显著性的方程，故使用移动平均法直接对中国 PCT 专利申请量全球占比进行预测。同样，预测结果常常与实际值存在较大偏差。

事实上，从技术发展的时间序列维度来看，一项技术往往具有生命周期，即从萌芽、发展、成熟到衰退，直到被新技术替代，随时间按照"S"形曲线模式变化。因此，技术发展预测常常用到生长曲线模型。生长曲线又称为逻辑最终曲线或"S"形曲线，能够较好地反映生物个体生长发育或者某些技术和经济特性发展的阶段性特征，通常分为三个阶段，在发生阶段变化速度较慢，在发展阶段变化速度较快，到成熟阶段变化速度又趋缓。生长曲线模型是否适用于 PCT 申请量的预测有待检验，若模型对历史数据的拟合效果较好，则可以考虑用生长曲线模型代替移动平均法来预测中国和全球 PCT 年申请量。

## 6.2　经济安全能力中的实体产业领域：2017 年监测

根据评价指标体系，经济安全能力中的实体产业领域共包括三个指标，分别是中国 500 强企业研发投入比、中国 PCT 专利申请量全球占比以及制造业国际竞争力指数。下面分别对各项指标 2017 年相关数据进行分析，对于暂时无法获得数据的指标则结合历史数据及其他影响因素进行预估。

### 6.2.1　中国 500 强企业研发投入比 2017 年监测

根据中国企业联合会和中国企业家协会公布的 2017 中国企业 500 强榜单，500 强企业共实现营业收入 64 万亿元，同比增长 7.6％，企业营业收入入围门槛提高至

283 亿元，相比 2016 年提高了近 40 亿元。其中 414 家企业提供了研发数据，共投入研发资金 7 359 亿元，同比增长 11%。近五年来，中国 500 强企业营业收入累计增长 27.9%，年均增长率达到 6.3%，研发投入则累计增长 33.9%，年均增长率为7.6%，高于营业收入年均增速，表明企业研发投入强度不断提高。

华为是当前国内企业中研发支出最高的公司，其研发数据在 2016 年被首次计入 500 强企业研发投入，使得 2016 年企业研发投入同比增长 7.4%，而当年 500 强企业总营业收入同比下降 1%，企业研发强度明显提高，平均研发强度达到 1.48%（根据 430 家企业提供的数据）。2017 年，尽管企业研发投入增速显著加快，但总营业收入也同比增长了 7.6 个百分点，研发投入与营业收入增速之差缩小。根据中国企业联合会估算，2017 年中国 500 强企业平均研发强度约为 1.45%，相比 2016 年略有降低。

从研发成果来看，2017 年中国 500 强企业合计拥有专利 73.7 万件。其中，发明专利 22.9 万件，占比有所提高；共参与制定标准 39 393 项。专利拥有数量最多的企业主要是传统资源能源型企业、航空航天企业以及一些老牌家电企业，如表 6 - 3所示。拥有专利数量最多的 10 家企业中，除航天科工和中航工业外，其余企业研发强度都相对较低，美的、海尔、海信、格力等家电企业研发强度基本在 3%～4%，而国家电网、中石化、中石油和中国五矿的研发强度甚至不及 500 强企业的平均研发强度。

表 6 - 3           **2017 年中国企业 500 强拥有专利数量最多的 10 家企业**

| 专利数量排名 | 500 强排名 | 企业 | 研发投入（亿元） | 营收收入（亿元） | 研发强度（%） | 拥有专利数量 | 发明专利数量 |
|---|---|---|---|---|---|---|---|
| 1 | 1 | 国家电网 | 103 | 20 940 | 0.49 | 62 036 | 12 200 |
| 2 | 2 | 中国石化 | 88 | 19 692 | 0.45 | 26 609 | 18 626 |
| 3 | 101 | 美的集团 | 60 | 1 598 | 3.75 | 26 153 | 2 628 |
| 4 | 3 | 中国石油 | 226 | 10 153 | 2.23 | 23 490 | 6 217 |
| 5 | 37 | 中航工业 | 190 | 3 712 | 5.12 | 20 725 | 9 994 |
| 6 | 81 | 海尔集团 | 60 | 2016 | 2.98 | 20 310 | 9 281 |
| 7 | 26 | 中国五矿 | 56 | 4 355 | 1.29 | 20 135 | 5 861 |
| 8 | 80 | 航天科工 | 227 | 2 032 | 11.17 | 16 528 | 8 935 |
| 9 | 156 | 海信集团 | 41 | 1 003 | 4.09 | 15 906 | 7 078 |
| 10 | 141 | 格力电器 | 38 | 1 101 | 3.45 | 15 862 | 1 852 |

资料来源：中国企业联合会。

### 6.2.2　中国 PCT 专利申请量全球占比 2017 年监测

专利既是技术研发的权益保障也是一种成果展现形式，是一个国家、地区或企业创新实力的重要体现。以大型创新企业为引领，中国创新和创造的步伐正在加快。根据世界知识产权组织（WIPO）发布的统计数据，2017 年中国 PCT 专利申请量达到 48 875 件，同比增长 13.4%，净增 5 784 件，超过日本 669 件，跃居世界第二。全球 PCT 专利申请量较上年增长 4.3%，达到 24.3 万件，净增 9 941 件。其中中国贡献率高达 58.18%，高居世界第一位。日本 PCT 专利申请量达到 48 206 件同比增长 6.6%，对全球 PCT 专利增量贡献率为 30.15%，仅次于中国居世界第二位。美国 PCT 专利申请量以 56 319 件继续蝉联世界第一，但比上年少了 275 件，减少了 0.5%。

由此可计算 2017 年中国 PCT 专利申请量全球占比为 20.1%，相比 2016 年提高 1.6 个百分点，增速有所放缓。2016 年中国提交 4.32 万件 PCT 申请，同比增速高达 44.7%，2017 年同比增速仅为 13%。但由于美国和日本专利申请速度放缓，中国超越日本成为全球第二大专利申请国，与美国的差距进一步缩小。2000—2017 年中国、美国和日本三国 PCT 专利申请量全球占比变动情况如图 6-1 所示。

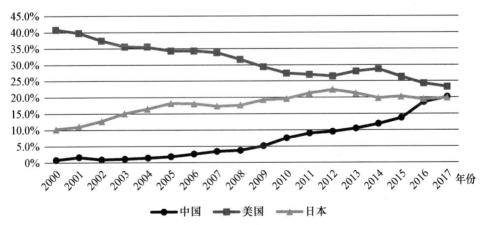

**图 6-1　2000—2017 年中国、美国、日本 PCT 专利申请量全球占比变动情况**

资料来源：笔者整理计算。

2017 年，全球 PCT 专利申请基本呈现美国、中国和日本三足鼎立的形势，分别占全球总申请量的 23.2%、20.1% 和 19.9%。尽管 2017 年中国 PCT 专利申请增速放缓，但远高于美国和日本的增长速度。若这一趋势持续下去，则中国有望超过美国成为全球 PCT 专利申请第一大国。

### 6.2.3 制造业国际竞争力2017年监测

制造业国际竞争力指数发布时间滞后期较长，目前只能获得2016年的国际竞争力指数数据。通过对2016年的国际竞争力指数进行分析，结合2017年中国和世界对外贸易发展情况，可以对2017年的制造业国际竞争力指数进行预估。2017年11月，中国海关发布《2016—2017年中国国民经济行业国际竞争力报告》。报告显示，我国制造业国际竞争力指数从2015年的103.04降至2016年的102.69。这一指数包括五项指标，分别从规模、效益和潜力角度反映该行业的外贸竞争力。

第一，国际市场占有率（某国某行业出口/世界该行业出口）从出口规模角度来衡量该行业的外贸竞争能力。2016年，中国制造业整体国际市场份额下降了0.8个百分点，从2015年的17.28%降至16.48%。制造业的二级行业中，仅6个行业市场占有率略有提升，其余行业均出现不同程度的下降。纺织服装、服饰业等制造业是中国国际市场占有率最高的行业，2016年市场份额下降了2.44个百分点，降至43.68%，降幅居所有二级行业之首。

第二，显示性指数（某国某行业出口占世界该行业出口比重/该国总出口占世界总出口比重），体现该国该行业与世界平均出口水平比较的相对优势，大于1表示具有比较优势，反之则表示不具有比较优势。中国制造业显示性指数已经连续四年下降，2016年从2015年的1.25降至1.23。其中，出口规模最大的计算机、通信和其他电子设备制造业连续两年下降，2016年降至2.18。而长居显示性指数榜首的纺织服装、服饰业等制造业竞争比较优势也有所减弱，从2015年的3.33降至2016年的3.26。文教、工美、体育和娱乐用品制造业，纺织服装、服饰业比较优势得到加强，显示性指数分别从2015年的3.04和2.92提升至2016年的3.25和3.00。

第三，贸易竞争指数（净出口/贸易总额）反映相对其他国家所供应的产品而言，本国产品的竞争优势及其程度，指标越大表示竞争优势越强，其最大值为1[①]。2016年，中国制造业贸易竞争指数连续五年提升后首次出现下降，由2015年的0.29降至0.28。其中家具制造业、纺织服装、服饰业，文教、工美、体育和娱乐用品制造业的贸易竞争指数最高，在国际竞争中处于绝对优势地位，但2016年这四个行业的竞争优势相比2015年均有所减弱。

---

① 这一指标并非适用于所有国家，美国作为贸易强国，其贸易逆差巨大，贸易竞争指数为负值，远小于中国的贸易竞争指数。由于本报告主要对中国贸易竞争力进行纵向时间维度分析，故不对指标作出调整。

第四，出口增长率优势指数（某国该行业的出口增长率-世界该行业的出口增长率），是从发展的角度评价行业国际竞争力。2016 年，我国制造业整体出口下降，出口增速低于世界增速 4.47 个百分点。制造业的 30 个二级行业中，有 24 个行业出口下降，仅有 6 个实现正增长。其中铁路、船舶、航空航天和其他运输设备制造业，非金属矿物制品业的出口增速低于世界该行业平均出口增速 10 个百分点以上，远低于其他国家出口增速。但石油、煤炭及其他燃料加工业，酒、饮料和精制茶制造业，化学纤维制造业出口增速高出世界平均水平 10 个百分点以上，在同行业中处于领先地位。

第五，出口比重指数（某国该行业出口/该国总出口），反映某行业在国内各出口行业中的地位高低，比重越高则地位越高。2016 年中国制造业出口比重略有下降，但仍高达 96.33。其中，计算机、通信和其他电子设备制造业仍旧是出口贸易中所占比重最高的行业，但占比从 2015 年的 26.34％降至 2016 年的 25.72％。纺织服装、服饰业占比也略有下降，而电气机械和器材制造业占比有所提升。

2017 年，世界经济复苏加快带动中国制造业出口需求上涨，特别是发展中经济体和新兴市场国家需求旺盛带动中国出口快速增长，此外大宗商品价格上涨逐渐传导至制成品环节进一步推动中国制造业出口增长。由于中国制造业出口形势大幅好转，制造业国际竞争力指数中五个分指数相对 2016 年均有所回升，因此，预计 2017 年中国制造业国际竞争力指数也相对高于 2016 年。2017 年全球制造业产出和出口增长情况整体向好，但各项分指数上升幅度有限。2014—2016 年，中国制造业国际竞争力指数分别为 102.87、103.04 和 102.69，波动幅度总体不大。根据移动平均法，对前三年的观测值分别赋予 20％、30％和 50％的比重，计算其移动平均值为 102.83。

## 6.2.4  实体产业安全能力 2017 年监测分析

根据评价指标体系，中国 500 强企业研发投入比的下警限为 1.5％，2017 年我国 500 强企业研发投入比为 1.45％，略低于指标安全警限，对应得分为 58 分，仍处于轻度不安全区间。中国 PCT 专利申请量全球占比的下警限为 15％，2017 年中国 PCT 专利申请量全球占比为 20.1％，对应安全得分为 80 分，处于基本安全和安全区间的临界位置。制造业国际竞争力指数的下警限为 102，根据移动平均法并结合 2017 年全球和中国制造业贸易情况，预计 2017 年中国制造业国际竞争力指数为 102.8，对应安全得分为 64 分。

表 6 - 4 2016—2017 年作为经济安全能力的实体产业监测情况

| 评价指标 | 2016 安全得分 | 2017 安全得分 |
|---|---|---|
| 中国 500 强企业研发投入比 | 59 | 58 |
| 中国 PCT 专利申请量全球占比 | 74 | 80 |
| 制造业国际竞争力指数 | 63 | 64 |

资料来源：笔者整理。

从监测结果来看，中国研发投入强度依然偏低，中国 500 强企业研发投入比对应安全得分依然低于 60 分，研发投入强度与发达国家相比还存在较大差距。这与中国 500 强企业的产业结构分布有关，服务业企业占比不断提升，研发投入相对较高的制造业企业大幅减少。2017 年中国 500 强企业中，制造业企业共 245 家，比 2016 年减少 16 家，数量占比首次跌破 50%，达到近十年来最低值[①]。相比之下，2017 中国制造业企业 500 强共实现营业收入 28.25 万亿元，其中有 473 家企业提供了研发数据，共计投入研发资金 5 542 亿元，平均研发强度大致能够达到 2.0%，比中国 500 强企业的平均研发强度约高出 0.5%。

此外，上榜制造业企业中从事初级要素生产的企业居多，高技术企业比重相对较低。中国制造业企业前十强中仅有华为一家科技型企业，其余九家企业分别来自石化、汽车、军工、矿产和纺织行业，其中汽车企业占据四席（上汽、东风、一汽、北汽）。除华为以外，其余九家企业研发投入强度极低，即使其余九家企业研发支出加总也远不及华为一家企业的研发支出。从全球创新 1 000 强榜单也能看出，在半导体、制药、信息技术、汽车和军工等领域，中国目前没有一家企业的研发实力能与大型跨国巨头比肩，特别是在高端环节和关键零部件方面缺乏核心技术竞争力。

技术含量偏低导致企业利润率也普遍偏低，占 500 强总数近半的制造企业贡献了不到 20% 的利润，如图 6 - 2 所示。中国 500 强企业中利润最高的 20 家主要是资源、能源和金融类企业，包括银行、保险、石油、电信和电网等，仅有 3 家科技类企业（阿里巴巴、腾讯和华为）。然而美国 500 强企业中利润最高的 20 家中有 12 家都来自实体领域，包括苹果、谷歌、微软、强生、IBM、沃尔玛、思科和宝洁等。总体来说，中国实体领域收入最高、利润最丰厚的主要是能源资源加工型企业，这些企业是税收的重要来源[②]，但在研发创新方面贡献程度相对较低。

---

① 2009 年至 2017 年中国企业 500 强中制造业企业分别有 294、279、279、272、268、260、266、261 和 245 家。

② 2017 中国制造业 500 强中一共有 27 家石化及炼焦企业，合计缴纳税收 3 784 亿元，占全部制造业 500 强纳税总额的约四分之一。

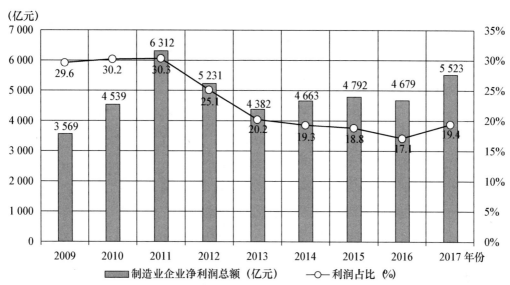

**图 6 - 2　2009—2017 年中国企业 500 强中制造业企业净利润总额及利润占比**
资料来源：笔者整理。

中国 PCT 专利申请量全球占比已经超过安全警戒线，安全得分达到 80 分，基本进入安全范围。中国已成为全球第二大 PCT 专利申请国，并且同美国的差距在不断缩小。目前，全球 PCT 专利申请形成美国、日本和中国三分天下的格局，三者申请量占比合计超过六成。但从申请专利所属领域来看，与美国和日本相比，中国的专利申请领域更加集中，主要集中于数字通信和计算机技术两大领域，而美国和日本专利申请领域分布较平均。从全球占比来看，我国在音像技术、电信和数字通信领域具有领先优势，但是在基础材料、基础化学、生物技术、医药健康和环境工程等领域比较落后。

国内企业专利拥有情况呈现同样的产业分布格局，拥有专利数量最多的以电力、能源和家电企业为主。2017 中国制造业 500 强中共有 448 家企业提供了专利数据，合计拥有专利 56 万件。在这 500 家企业中家电制造企业仅有 15 家，合计拥有专利却达到 10.4 万件，企业数量占比 3% 的家电企业专利拥有量占比却高达18.6%。尽管近年来华为和中兴成了全球排名靠前的专利申请单位，但就专利拥有量来说仍然远低于国家电网、中石化以及美的等大型传统企业。

由于贸易形势好转，2017 年制造业国际竞争力指数相比 2016 年略有提升，安全得分为 64 分，安全程度仍然有待提升。国际竞争力指数主要关注三个方面，一是中国制造业出口占全球制造业出口的比重，二是中国制造业出口占中国总体出口的比重，三是中国总体出口占全球总体出口的比重。从近几年的数据来看，三大比重都在缓慢下降，由于制造业在中国总体出口中的比重在 96% 以上，而随着劳动力、资金、资源和环境成本逐渐上升，国内制造业传统优势日渐衰弱，低端产业受其他新兴市场国家冲击在所难免，发达国家对中国高端制造快速崛起也心存忌惮，中国制造面临的国际竞争环境比以往任何时候都更加严峻。

目前中国出口面临的最大竞争压力主要来自新兴市场国家，这些国家通常具有更低的工资成本，在纺织、服装、家具等低附加值制造领域极具竞争力。WTO统计数据显示，2016年中国仍是全球最大纺织品出口国，全球市场占有率接近四成，但纺织品出口总额有所下降，而越南和巴基斯坦等国市场份额越来越大，越南首次跻身全球十大纺织品出口国，全球市场占比达到7%。与此同时，国内产业政策也在逐渐调整，一方面是鼓励部分产能过剩行业转型调整，另一方面提高了一些高污染高能耗行业的准入门槛和生产成本，推动产业国际竞争优势向高端领域转型，促进资源向高附加值领域集中。

在高技术和高附加值领域，受到国内产业政策的大力支持，中国制造企业发展十分迅猛，国际市场占有率不断提升，但中高端市场和核心零部件仍然被发达国家掌控。目前，计算机、通信和其他电子设备仍然是中国出口第一大类产品，但近两年智能手机和笔记本电脑市场逐渐饱和，出货量有所下滑，而且高端市场仍然被苹果、三星等大型跨国巨头掌握，国内企业盈利水平普遍较低。面临国外企业的技术封锁，要打破目前这种国际垄断格局，仍需巨大的资金和人力投入。

## 6.3 经济安全能力中的实体产业领域：2018年预警

根据实体产业经济安全能力预警的方法论，分别用灰色模型来预测500强企业研发投入比和制造业国际竞争力指数，用生长曲线模型来预测中国PCT专利申请量和国际PCT专利申请量，再将各指标预测值转化为安全得分，得到2018年预警结果。

### 6.3.1 中国500强企业研发投入比2018年预测

根据2017年中国企业500强排行榜，从企业规模来看，500强上榜企业是国内营业收入最高的企业，均属于大型企业，且入围门槛在逐年提高。从行业结构来看，低研发强度的服务业占比提高，高研发强度的制造业占比降低，制造业中传统低技术产业减少，高技术产业显著增加。与2013年相比，2017年中国企业500强中制造业企业减少23家，服务业企业增加27家，且服务业企业营收、利润和资产总额占比均有所提升。近四年进出榜单的企业共118家，退榜企业主要从属于黑色冶金、建筑和煤炭采选业，入榜企业则集中于战略性新兴产业和现代服务业，包括互联网服务、电力电气设备制造、多元化投资、保险业、商业银行、物流、风能与太阳能设备制造等行业。从所有权结构来看，国有企业仍占据主导地位，但近年来所占比重有所降低，2017 年上榜国有企业数量首次低于 60%。

综合以上分析，影响 500 强企业研发投入比的正向和负向因素同时存在，一方面有更多高研发强度的制造业企业和互联网企业进入榜单，低研发强度的国有企业数量占比也在不断降低；另一方面研发投入较低的服务业企业数量在上升，并且根据研发投入与企业规模的倒 U 型理论，500 强企业总体规模增大也会使得研发投入强度有所降低。结合近十年 500 强企业研发投入比的历史数据，企业总体研发强度处于波动之中，如图 6-3 所示。

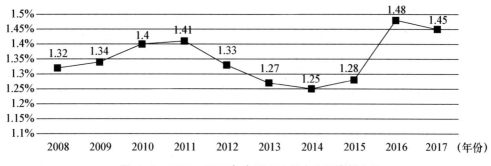

**图 6-3　2008—2017 年中国 500 强企业研发投入比**

资料来源：笔者根据历年中国企业 500 强数据整理。

对于这样具有一定随机波动性质的时间序列数据，可以看作在一定范围内变化、与时间有关的灰色过程，运用灰色时间序列预测法进行短期预测。本章采用灰色预测 GM（1，1）模型，基于十年的历史数据，运用 Matlab 程序进行计算，得到发展灰数为 -0.005 7，对应的预测模型为：

$$\hat{Y}^{(0)}(t+1)=1.330\,5\,e^{0.005\,7t}$$

根据此方程所得 2017 年拟合值的相对残差仅为 4.61%，预测精度相对较高，但从第 5 项开始模型预测值明显大于实际值，因此可以采用尾部数列 GM（1，1）修正模型重新建立预测模型。修正预测模型为：

$$\hat{Y}^{(0)}(t+1)=1.330\,5e^{0.004\,3t}-0.146\,9e^{-0.521\,3t}$$

下面对修正后的预测模型进行相关检验。首先是残差检验，该模型预测值与原始值的平均相对残差为 4.29%，预测精度较为理想，模型的残差检验合格。其次是关联度检验，当分辨率 $\lambda=0.6$ 时，关联度 $r=0.628\,5$，模型合格。再次是方差比检验，该模型方差比 $C = 0.5490$，处于 $0.5 \sim 0.65$ 之间，近于合格。最后是小误差概率检验，模型小残差概率为 $p_0 = 0.7$，为大体合格模型。

因此，修正后的模型为合格模型，可以运用该模型对 2018 年 500 强企业研发投入比进行预测，预测结果为 1.41%，与 2016 年和 2017 年相比研发投入强度有所下降。但这种下降因是由于行业结构变动造成的短期波动，从长期发展趋势来看，随着国内产业转型升级，中国 500 强企业中服务业企业和制造业企业占比趋于稳定，同时高科技企业占比将不断增加，特别是在互联网、物联网、人工智能和电子信息等一系列新兴行业的带动下，整体企业研发投入强度将有所提升。

### 6.3.2 中国 PCT 专利申请量全球占比 2018 年预测

根据实体产业经济安全能力预警方法论，可以运用生长曲线模型对全球和中国 PCT 专利申请量分别进行预测，常用的生长曲线模型包括林德诺模型和皮尔模型。由于中国在 2001 年以前 PCT 专利申请量极低，因此选择 2002—2017 年的历史数据来进行预测。首先将年份转化为整数计数，即 2002—2017 分别转化为 1—16。用 $P_c^R(t)$ 和 $P_c^P(t)$ 分别表示中国专利申请量的林德诺生长曲线和皮尔生长曲线对应的函数，用 $P_w^R(t)$ 和 $P_w^P(t)$ 分别表示全球专利申请量的林德诺生长曲线函数和皮尔生长曲线函数。运用 Matlab 程序计算，可得中国和全球专利的预测模型方程如下：

中国 PCT 专利申请量林德诺生长曲线模型：$P_c^R(t) = \dfrac{8.78}{1 + 86.81 e^{-0.31t}}$

中国 PCT 专利申请量皮尔生长曲线模型：$P_c^P(t) = \dfrac{34.59}{1 + 260.45 e^{-0.24t}}$

全球 PCT 专利申请量林德诺生长曲线模型：$P_w^R(t) = \dfrac{49.44}{1 + 3.48 e^{-0.08t}}$

全球 PCT 专利申请量皮尔生长曲线模型：$P_w^P(t) = \dfrac{60.36}{1 + 4.72 e^{-0.07t}}$

对上述预测模型进行可用度和可信度检验，包括残差检验和后验差检验，相关检验结果如表 6-5 所示。从检验结果来看，皮尔曲线对中国 PCT 专利申请量增长趋势进行拟合的平均相对残差较大，检验结果为不合格，故用林德诺生长曲线进行预测效果更佳。两种生长曲线对全球 PCT 专利申请量的拟合程度都很高，林德诺模型的平均相对残差更小，因此同样用该模型来预测全球 PCT 专利申请量。

**表 6 - 5　　　　　　中国和全球 PCT 专利生长曲线预测模型检验结果**

| | | 平均相对残差 mPhi | | 方差比 C | | 小残差概率 P | |
|---|---|---|---|---|---|---|---|
| 中国 | 林德诺生长曲线 | 0.067 4 | 勉强合格 | 0.073 3 | 优 | 1 | 优 |
| | 皮尔生长曲线 | 0.279 9 | 不合格 | 0.042 4 | 优 | 1 | 优 |
| 全球 | 林德诺生长曲线 | 0.022 6 | 合格 | 0.054 4 | 优 | 1 | 优 |
| | 皮尔生长曲线 | 0.035 1 | 合格 | 0.037 3 | 优 | 1 | 优 |

资料来源：笔者整理。

林德诺生长曲线模型对 2002—2017 年中国和全球 PCT 专利申请量拟合情况如表 6 - 6 所示。对 2018 年的 PCT 专利申请量进行预测可得，中国 PCT 专利申请量的预测值为 5.36 万件，比 2017 年增长了 14.04%，全球 PCT 专利申请量预测值为 25.1 万件，同比增长 3.33%。则预计 2018 年中国 PCT 申请量全球占比将达到 21.3%，比 2017 年提高了 1.2 个百分点。

**表 6 - 6　　　　　　中国和全球 PCT 专利林德诺生长曲线预测结果**

| | 中国 PCT 专利申请量（万件） | | | 全球 PCT 专利申请量（万件） | | |
|---|---|---|---|---|---|---|
| | 原始值 | 拟合值 | 相对误差（%） | 原始值 | 拟合值 | 相对误差（%） |
| 2002 年 | 0.10 | — | — | 11.03 | — | — |
| 2003 年 | 0.13 | 0.14 | 2.10 | 11.48 | 11.73 | 0.86 |
| 2004 年 | 0.17 | 0.18 | 4.24 | 12.28 | 12.46 | 1.56 |
| 2005 年 | 0.25 | 0.25 | 5.67 | 13.68 | 13.22 | 2.01 |
| 2006 年 | 0.39 | 0.33 | 6.29 | 14.53 | 14.01 | 2.40 |
| 2007 年 | 0.55 | 0.45 | 7.13 | 15.61 | 14.82 | 2.60 |
| 2008 年 | 0.61 | 0.60 | 9.66 | 16.40 | 15.66 | 2.73 |
| 2009 年 | 0.79 | 0.79 | 10.63 | 15.59 | 16.53 | 3.01 |
| 2010 年 | 1.23 | 1.04 | 9.19 | 16.29 | 17.42 | 2.89 |
| 2011 年 | 1.64 | 1.36 | 8.71 | 18.19 | 18.33 | 2.50 |
| 2012 年 | 1.86 | 1.75 | 8.96 | 19.44 | 19.26 | 2.24 |
| 2013 年 | 2.15 | 2.22 | 8.20 | 20.43 | 20.21 | 2.13 |
| 2014 年 | 2.55 | 2.76 | 6.68 | 21.50 | 21.17 | 2.31 |
| 2015 年 | 3.05 | 3.37 | 6.21 | 21.80 | 22.14 | 2.95 |
| 2016 年 | 4.31 | 4.03 | 7.35 | 23.30 | 23.12 | 3.76 |
| 2017 年 | 4.89 | 4.70 | 3.89 | 24.29 | 24.11 | 0.74 |

资料来源：笔者整理。

为了观察 PCT 专利申请量长期变化走势，可将预测区间延长至 2030 年。从预测结果来看，中国 PCT 专利申请增长取数的拐点将出现在 2017—2018 年左右，即 2018 年以后中国 PCT 专利申请速度将逐渐下降，其林德诺生长曲线如图 6-4 所示。由于校正参数 $b$ 相对较小，全球 PCT 专利申请数量增速保持稳定，直到 2030 年都未出现拐点，其林德诺生长曲线如图 6-5 所示。出现这一结果可能是由于全球各国所处的技术发展阶段不同，各国专利申请增速有快有慢，整体来看全球 PCT 专利申请量保持匀速增长。

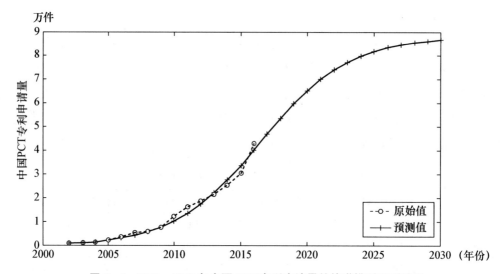

图 6-4  2002—2030 年中国 PCT 专利申请量林德诺模型预测结果

资料来源：笔者整理。

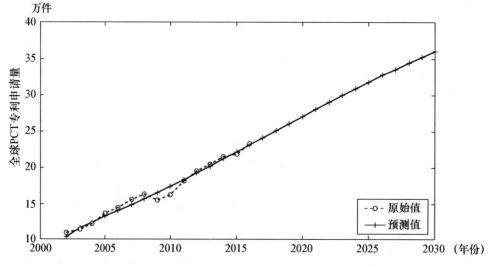

图 6-5  2002—2030 年全球 PCT 专利申请量林德诺模型预测结果

资料来源：笔者整理。

### 6.3.3　制造业国际竞争力指数 2018 年预测

制造业国际竞争力指数由五个指标综合而成。这五个指标包括国际市场占有率、显示性指数、贸易竞争指数、出口增长率优势指数和出口比重。《中国海关》杂志通常于次年年底发布头一年的国民经济行业国际竞争力指数，其中制造业国际竞争力指数以及各项指标 2009—2016 年数据如表 6-7 所示。中国的制造业国际竞争力指数始终高于 100，表明本国制造业具有一定竞争优势。受国际金融危机影响，中国制造业竞争力指数在 2009 年相对较低，但 2010—2016 年始终在小范围内波动，从时间序列维度来看没有明显的上升或下降趋势。

表 6-7　　　　　　　　　　　2009—2016 年中国制造业国际竞争力指数

| | 国际市场占有率（%） | 显示性指数 | 贸易竞争指数 | 出口增长率优势指数 | 出口比重（%） | 制造业国际竞争力指数 |
|---|---|---|---|---|---|---|
| 2009 年 | 12.42 | 1.15 | 0.2 | 5.09 | 96.49 | 101.56 |
| 2010 年 | 13.46 | 1.16 | 0.2 | 11.43 | 96.64 | 102.69 |
| 2011 年 | 13.8 | 1.18 | 0.21 | 3.39 | 96.5 | 102.67 |
| 2012 年 | 14.87 | 1.33 | 0.24 | 8.29 | 96.79 | 103.04 |
| 2013 年 | 15.57 | 1.33 | 0.25 | 4.96 | 96.73 | 102.71 |
| 2014 年 | 16.19 | 1.31 | 0.27 | 4.2 | 96.77 | 102.87 |
| 2015 年 | 17.28 | 1.25 | 0.29 | 6.7 | 96.76 | 103.04 |
| 2016 年 | 16.48 | 1.23 | 0.28 | −4.47 | 96.33 | 102.69 |

资料来源：笔者根据《中国海关》公布的历年数据整理。

各项指标的变化趋势各不相同。首先，国际市场占有率和贸易竞争指数两大指标均呈现稳步上升趋势，表明中国制造业出口在全球制造业出口中所占比重不断提高，且制造业对外贸易顺差在逐步扩大。其次，显示性指数和出口比重均呈现先上升后下降趋势。显示性指数的分子是国际市场占有率，分母是中国出口占世界总出口的比重，也可以看作本国制造业出口比重和世界制造业出口比重的比值。近年来，世界制造业出口占世界总体出口的比重缓慢下降，因此显示性指数与出口比重变化走势基本一致。最后，出口增长率优势指数是本国制造业出口增速与全球制造业出口增速之差。该指标既受本国制造业出口增速波动影响，也受全球制造业出口增速波动的影响，因此在五个指标中波动幅度最大。

制造业国际竞争力指数是通过功效函数法得到的，即分别设定五个指标的满意值和不容许值，计算各指标实现满意值的程度，以此确定各指标的分数，再通过加权平均进行综合。因此，通过预测各项指标来预测制造业国际竞争力指数难度很大，一方面各项指标的预测工作本身就极其复杂，加之部分指标随机波动性较大；另一方面，各项指标的加权综合过程也相对复杂。对于在一定范围内变化，既包含已知信息又含有诸多不确定信息的变量，可以采用灰色过程进行预测。

依据 2009—2016 年的历史数据建立 GM（1，1）预测模型，运用 Matlab 程序进行计算，得到对应预测模型为：

$$\hat{Y}^{(0)}(t+1)=2.746\,5e^{0.007\,1t}$$

由于原始数据波动较大，模型预测值不存在显著偏大或偏小的情形，因此无须进行误差修正。对模型进行残差检验、关联度检验以及后验差检验，所得结果见表 6-8。各项检验均通过，表明用 GM（1，1）模型预测制造业国际竞争力指数是可行的。

表 6-8 　　　　　中国制造业国际竞争力指数 GM（1，1）模型检验结果

| | 残差检验 | 关联度检验 | 后验差检验 | |
|---|---|---|---|---|
| | 平均相对残差 mPhi | 关联度 r | 方差比 C | 小残差概率 P |
| 参数值 | 0.047 2 | 0.613 3 | 0.154 4 | 1 |
| 检验结果 | 合格 | 满意 | 优 | 优 |

资料来源：笔者整理。

用该模型来预测 2018 年中国制造业国际竞争力指数，所得结果为 102.93，比2017 年提高了 0.1，表明中国制造业国际竞争力形势有所好转，新的国际竞争优势正在逐渐形成。

## 6.3.4　实体产业安全能力 2018 年预警结果

利用灰色模型和生长曲线模型预测得到 2018 年中国 500 强企业研发投入比、中国 PCT 专利申请量全球占比和制造业国际竞争力指数，结合各指标的安全警限，可以计算各指标对应的安全得分，如表 6-9 所示。

表 6-9 　　　　　　　　　　2018 年实体产业安全能力预警结果

| 中国 500 强企业研发投入比 | | 中国 PCT 专利申请量全球占比 | | 制造业国际竞争力指数 | |
|---|---|---|---|---|---|
| 预测值 | 安全得分 | 预测值 | 安全得分 | 预测值 | 安全得分 |
| 1.41% | 56 | 21.3% | 85 | 102.93 | 67 |

2018 年中国 500 强企业研发投入比的预测值为 1.41%，低于 1.5% 的下警限，对应的安全得分为 56 分，相比 2017 年略有下降，仍处于轻度不安全区间。这种下

降可能是由于行业结构变化带来的短期波动，也可能是由于预测模型本身存在的问题。而从长期看，500 强企业研发投入比将不断提升，但研发投入强度远低于发达国家企业仍是不争的事实。根据欧盟的划分标准，5％以上才属于高研发强度，2％以下属于中低强度。考虑到中国 500 强企业中有较多的银行、保险等金融类企业，因此将研发投入强度的最低警限界定为 1.5％，但国内制造企业能达到警戒线的仍属少数。研发投入偏低不利于企业创新能力的提升，而创新能力决定了企业产品的竞争能力。充足的研发投入是提升一国实体产业创新能力和国际竞争能力的源头，因而研发投入不足是制约中国实体产业经济安全水平提升的重要因素。

2018 年中国 PCT 专利申请量仍然保持两位数以上的增长速度，中国 PCT 专利申请量全球占比进一步提升至 21.3％，对应安全得分为 85 分，处于安全区间。中国已成为全球第二大 PCT 专利申请国，并有望超越美国成为全球第一大 PCT 专利申请国。尽管专利申请量快速增长是研发创新能力日渐提升的重要体现，但研发创新仅仅停留在专利申请这一步还是远远不够的。从发达国家的经验来看，提升研发创新能力不仅要重视技术研发，还要关注技术成果的产业化应用和推广。领先的科研创新能力和高效的创新成果转化能力，使发达国家能够不断在尖端科技领域取得重大突破，从而推动产业技术整体升级、增强经济长期增长动力。尽管近年来中国 PCT 专利申请量增长势头迅猛，但如此巨大规模的申请量中有多少转化为授权量，并最终在实践中得以应用，才是一国实际创新能力的检验标准。当前发达国家的科技成果转化率已经达到 80％以上，而中国目前只有 25％左右，专利创新成果转化率依然有待提升。

中国制造业国际竞争力指数逐年上升，2018 年将达到 102.93，但竞争优势不够突出，对应安全得分为 67 分，仍处于基本安全区间。国际竞争力指数衡量的是一国实体产业的国际比较优势。中国是名副其实的制造大国，机电产品、纺织服装、家具玩具等制造业是传统优势产业，在国际市场上占据较大市场份额。但随着制造业低成本优势逐渐削弱，传统优势产业国际竞争力日渐式微，中国制造转型升级压力巨大，能否重塑国际竞争优势对实体产业安全至关重要。制造业国际竞争力指数的提升很大程度上取决于中国制造向高技术转型的速度。如今，全球消费需求结构不断升级，对智能化汽车、手机、家电的需求不断提升，中国企业正在以追随者的角色挺进这些高端制造领域。当前，中国出口市场份额的下降只是短期过渡状态，并非一个长期低谷状态的开始。随着制造业转型速度加快，中国将从发达国家手中分走更多的市场份额，建立起更高水平的国际竞争优势。

# 6.4  小结与思考

从 2016—2018 年实体产业经济安全能力的监测和预警情况来看，中国 500 强企业研发投入比仍然略低于安全警戒线，对应安全得分略低于 60 分，始终处于轻度不安全区间。中国 PCT 专利申请量全球占比的安全状况则发生较大变化，对应安全得分从 2016 年的 74 分逐渐提升至 2018 年的 85 分，从基本安全区间转入安全区间。制造业国际竞争力指数则逐年缓慢提升，对应安全得分从 63 分提升至 67 分，始终处于基本安全区间。

表 6 - 10　　　　2016—2018 年作为经济安全能力的实体产业监测和预警情况

| 评价指标 | 安全得分 | | |
|---|---|---|---|
| | 2016 年 | 2017 年 | 2018 年预警 |
| 中国 500 强企业研发投入比 | 59 | 58 | 56 |
| 中国 PCT 专利申请量全球占比 | 74 | 80 | 85 |
| 制造业国际竞争力指数 | 63 | 64 | 67 |

资料来源：笔者整理。

其中，研发投入和专利申请是对中国实体产业自主创新能力的衡量。从监测和预警结果来看，研发投入水平偏低仍是制约中国经济安全能力提升的关键因素。长期以来，为加快实现工业化，国家大力鼓励国内企业从国外进口关键原材料、基础零部件和核心设备，通过加工组装，凭借低廉制造成本迅速占领国内乃至世界市场。国内制造业市场份额不断提高，生产规模处于世界领先地位，但由于绕过基础研发环节，制造业技术研发能力相对滞后。当前，发达国家不断加强技术封锁，并通过加强技术标准控制和知识产权保护的方式增强本国企业的品牌和价值影响力。据《2017 年世界知识产权报告》统计，全球制成品销售额中有三分之一的价值源于品牌、技术和外观设计等无形资本。发达国家凭借其品牌和技术标准始终占据全球产业价值链的顶端，牢牢掌控高技术产业核心竞争力，高端制造领域新兴市场国家始终无法企及。

国际竞争力方面，中国制造业在国际竞争市场上也处于新旧优势转换阶段。中国劳动力工资、土地使用价格和环境治理成本都在快速上涨，传统劳动密集型或中低端资本密集型制造业必然受到冲击。新一轮技术革命冲击下，只有通过不断推进自主创新，在制造业信息化和智能化改造中赢得先机，才能加快重塑制造业国际竞争优势，这也是从制造大国向制造强国转变，从中等收入国家向高收入国家跨越的必然要求。

　　事实上，研发创新能力与产业国际竞争力是相辅相成的关系，从发达国家的历史经验中也能得到印证。在历次从危机走向复苏的经济周期中，技术创新和重大技术革命成为推动经济企稳回升和产业转型升级的重要动力来源。从手工业时代到机械工业时代，再到信息化时代，美国、日本以及德国等发达国家始终是工业革命的引领者，在全球竞争中占据绝对优势地位，并依靠强大的资金、技术和人才优势推动产业技术不断升级换代，从而维护和巩固其竞争优势地位。发达国家，无论是政府部门还是企业，在科技研发投入方面都高度重视。2017 年中国的研发投入强度为 2.12%，而美国、日本、德国和韩国等早在 1996 年就超过了 2%，分别达到2.4%、2.7%、2.2% 和 2.4%，并且随着时间的推移其研发投入强度还在不断加大。中国研发投入强度与美日德韩等工业化大国相比，至少存在二十年的差距。因此，提升实体产业经济安全能力的关键还在于加大研发投入力度，提升自主研发创新能力。

　　在前期外贸大扩张和外资大发展阶段，中国引进和掌握了大部分中低端制造技术，并建立起了规模庞大且结构完备的工业体系，但自主研发能力相对落后。未来，随着发达国家技术保护强度不断升级，"引进—消化—吸收"的技术升级路线已经行不通，实体产业发展必须向自主创新驱动转变。面对新一轮工业革命带来的历史机遇，推动工业化与信息化深度融合，是决定中国能否实现技术反超、跨越"中等收入陷阱"的关键所在。未来对实体产业经济安全能力状况的关注，不仅要看研发投入规模和专利成果数量，也要关注研发投入的技术构成，推动技术创新向前沿新兴领域集中，打破关键领域国外技术垄断。此外，更要关注创新成果的应用转化率，打破技术研发孤岛和创新链条断裂现状，完成从技术研发到成果应用的"惊险一跃"。

　　总体来说，在新形势下，中国实体产业发展所面临的国际和国内环境都处于大变局时代。我们既要有忧患意识，要清楚认识到中国实体产业还处于全球价值链的中低端，自主创新能力不强，同时也要具有巨国自信，冷静看待成本上升、产能过剩和国际竞争优势下滑等问题，这是中国制造业在转型升级、凤凰涅槃过程中必须付出的代价，不能"只见树木不见森林"或者"只见危机不见转机"，不要因为部分行业领域企业破产或淘汰而产生恐慌心理，应当视挑战为机遇、化压力为动力，在防范风险的同时把握新一轮技术变革机遇，实现扩大对外开放与保障实体产业安全并举。

【执笔人：张敏】

# 第 7 章　经济安全能力之战略资源领域

**摘要：**本章从战略石油储备和人均粮食产量两个方面探讨了我国经济安全能力中部分战略资源领域的经济安全状况。研究发现，2017 年我国战略石油储备满足消费的天数约为 27 天，该指标的安全得分为 90 分，处于安全类型；人均粮食产量445 公斤，该指标安全得分为 89 分，处于安全类型。此外，本章还分别对 2018 年我国战略石油储备满足消费的天数和人均粮食产量进行了预测，预计 2018 年我国战略石油储备可以满足消费 27 天，安全得分为 90 分，处于安全类型；预计 2018年人均粮食产量为 441 公斤，安全得分为 91 分，处于安全类型。

战略资源指在国家国民经济体系中占有重要地位，对国计民生、军事安全、核心利益有决定性作用或者重大影响的主力性、紧缺性、优势性物质要素。战略资源是国民经济的重要基础，关系国计民生。本章考察了石油和粮食两种影响经济安全能力的战略资源，从战略石油储备和人均粮食产量两方面进行了探讨。

## 7.1　经济安全能力中的战略资源领域

本节对战略资源与国家经济安全能力的关系进行了阐述，总结了最近几年国内外学者关于战略资源与国家经济安全方面的研究成果。根据顾海兵和张敏（2017）的研究结果，本报告选取了"战略石油储备满足消费的天数"和"人均粮食产量"这两个指标，并根据历年的经济安全报告确定了各指标的警戒限度。

### 7.1.1　战略资源与国家经济安全能力

战略资源指在国家国民经济体系中占有重要地位，对国计民生、军事安全、核心利益有决定性作用或者重大影响的主力性、紧缺性、优势性物质要素。战略资源储备的首要目的是保障国防安全，核心任务是保障经济安全，长远目标是保障国家可持续发展[1]。顾海兵和张梦莹（2014）认为战略资源是指在国家经济运行体系中占有重要地位，对国计民生和国家核心利益有重大影响的基础性、敏感性物质要素[2]。

战略资源对国家经济安全能力有着重要的影响，主要是由于作为国民经济发展基础，战略资源会影响国民经济抵抗外力冲击的能力。战略资源是国民经济的重要基础，关系国计民生，通常处于产业链的上游，且具有普遍联系性，一旦战略资源供给链条断裂，供给量不足，整个产业链将会面临巨大的风险，不仅将严重影响我国的经济安全，削弱我国的经济安全能力，还将在政治、外交以及社会稳定等方面产生一系列的联动。

在当前世界经济政治格局下，可以算作战略资源的有多种，对种类的界定不一。有的认为主要有水、粮食、石油等三类，如《中华人民共和国国民经济和社会发展第十个五年计划纲要》中提出"抓紧解决好粮食、水、石油等战略资源问题"；有的则对矿产资源比较偏重，如中国现代国际关系研究院世界经济研究所编写的《国际战略资源调查》中就将能源（煤炭、石油、天然气）、有色金属及非金属、黑色金属、粮食等五大类都视为战略资源[3]。董桂才在研究中国战略性资源的进口依赖性问题时，将矿产资源（铁、锰、铜）作为我国战略性资源的代表[4]。Su Wen认为中国的战略资源应当包括煤炭、石油、天然气、铁矿石、铀和钍、钨、铜、稀土和其他关系中国工业命脉的重要资源。综上，在诸多研究中，得到众多学者认同的战略资源主要有粮食和石油两类。

从我国的基本国情来看，我国是世界上最大的发展中国家，且经济格局属于巨国经济范畴[5]，战略资源的选择势必要结合我国的基本国情加以分析确定。

粮食安全自古以来便是国家安稳之本。"七十者衣帛食肉，黎民不饥不寒，然而不王者，未之有也。"在现代，粮食安全更是一个国家经济繁荣、社会稳定的重要保障[6]。要评价一国的战略资源安全，就无法避开粮食安全这一维持社会、经济正常运转，

① 苏文. 中国战略资源储备系统建立机制研究 [J]. 中国矿业，2011（s1）：58-62.

② 顾海兵，张梦莹. 作为战略资源的粮食与石油（2013 年监测与 2014 年预警）：基于国家经济安全能力的视角 [J]. 经济与管理评论，2014，30（1）：5-10.

③ 中国现代国际关系研究院世界经济研究所. 国际战略资源调查 [M]. 时事出版社，2005.

④ 董桂才. 中国战略性资源进口的依赖性及其对资源供给安全的影响 [J]. 中国科技论坛，2009（2）：103-107.

⑤ 顾海兵，张敏. 中国经济的定位：由大国经济到巨国经济 [J]. 南京社会科学，2015（10）：1-8.

⑥ 佟丹丹. 粮食安全视角下我国粮食进出口策略 [J]. 改革与战略，2017，33（7）：179-181，185.

保障全军战斗力的重要指标。纵观全球，由粮食安全问题而造成的危害历历在目。在 2008 年世界性粮食危机中，拉美国家丧失粮食主权，无力调节粮价，一度陷入粮荒、饥饿和动乱之中①。我国是农业大国，粮食的生产量与消费量均十分巨大。故粮食安全背后隐藏的问题就更加值得我们研究和注意。

石油资源与世界经济、政治、军事、外交等密切关联，直接关系到国家安全、社会稳定和可持续发展②。不管是在军事战争中，还是在大国经济博弈中，石油资源都具有十分重要的战略地位。随着国内石油消费量的日益增加和产量增速的日益趋缓，我国国内石油供需缺口逐年增大③。我国石油的对外依存度已经超过 65％，石油资源的战略重要性日益突出。近年来，国内外学者对石油资源与国家安全之间的关系进行了诸多研究，取得了新的成果。吕军，王德云，魏帅（2017）基于熵值法、粒子群算法和支持向量机的嵌套模型对我国石油安全进行分析，构建了我国石油安全评价指标体系，认为我国石油安全指数呈现出先降后升趋势，并预测我国未来石油安全状况依然较为严峻④。渠立权等（2017）构建了包括"风险因子—风险管控—资源安全"三个指标层的石油资源安全评价体系⑤。刘立涛等（2017）基于复杂网络理论构建了石油资源供给安全模型，研究表明中国石油资源供应安全经历快速提升后进入稳步发展阶段，进口来源国政治稳定性是影响中国石油资源供应安全的关键要素⑥。Kisel 等（2016）构建了新的能源安全指标体系，将石油和石油产品库存天数（days of oil and oil product stocks）作为指标之一⑦。Dan Gao 等（2017）研究发现，GDP/石油价格的弹性系数、国内石油产量和可替代能源投资额是能源安全的关键要素⑧。综合前文分析与我国经济发展现状，本报告将粮食和石油作为战略资源的主要考察对象。

---

① 白梦娇，贾利军. 跨国垄断下我国粮食安全的威胁与保障 [J]. 农业经济，2017 (3)：120-122.

② 刘立涛，沈镭，刘晓洁，等. 基于复杂网络理论的中国石油流动格局及供应安全分析 [J]. 资源科学，2017，39 (8)：1431-1443.

③ 曹轶. 中国石油安全的现状及对策研究 [J]. 经济研究导刊，2018 (2)：5-6.

④ 吕军，王德运，魏帅. 中国石油安全评价及情景预测 [J]. 中国地质大学学报（社会科学版），2017 (2)：86-96.

⑤ 渠立权，骆华松，胡志丁，等. 中国石油资源安全评价及保障措施 [J]. 世界地理研究，2017，26 (4)：11-19.

⑥ 刘立涛，沈镭，刘晓洁，等. 基于复杂网络理论的中国石油流动格局及供应安全分析 [J]. 资源科学，2017，39 (8)：1431-1443.

⑦ Kisel E, Hamburg A, Härm M, et al. Concept for energy security matrix [J]. Energy Policy, 2016 (95)：1-9.

⑧ Dan Gao, Zheng Li, Pei Liu, et al. A coordinated energy security model taking strategic petroleum reserve and alternative fuels into consideration [J]. Energy, 2018 (145)：171-181.

## 7.1.2　战略资源安全能力评估指标体系

衡量战略资源领域对经济安全能力的影响，根据顾海兵和张敏（2017）的研究结果，本报告选取了"国家石油战略储备满足消费的天数"和"人均粮食产量"这两个指标[①]。在选取指标时，我们注重指标能反映出我国应对外生冲击、维护自身稳定的能力。

（1）石油的衡量指标。

在石油方面，本报告选取"战略石油储备满足消费的天数"这一指标，该指标是用国家在战略石油储备基地中存储的原油量除以当期平均每日原油消耗量计算得到。衡量的是在没有其他原油供给时（如本国生产、企业库存），我国储备库中的原油能够支撑国民经济运行的天数。这一指标假设在我国面临极端条件下，进口石油全部中断、国内原油生产能力为 0 时，国内经济依然可以在正常的原油消费水平上运行。这一假设发生的可能性非常之小，因此该指标事实上是主观上缩小了分母，扩大了分子，是最大限度地考察我国应对石油外部冲击的能力。我们没有用战略石油储备总量作为指标，是考虑到总量的数据难以给读者形成直观的印象，同时，对于不同的国家、不同的发展阶段、不同的发展模式，总量的数据并不能说明问题，不具有国际比较性。因此，最终选取的是"战略石油储备满足消费的天数"这一指标。

（2）粮食的衡量指标。

在粮食方面，本报告选取"人均粮食产量"这一指标，用国家粮食总产量除以人口数量计算得到。之所以采用人均粮食产量是考虑到我国是一个人口大国，以接近 14 亿人口的基数算，绝对数量并不能说明我国粮食安全问题，而且不具有国际比较性，国际上划分贫困类型的标准亦是用人均粮食产量，故本报告选取人均指标。粮食的定义有广义和狭义之分，广义的粮食是指谷物、豆类和薯类的集合，狭义的粮食是指禾本科作物，包括小麦、稻谷、玉米，联合国粮农组织所定义的粮食概念就是指谷物，其中包括麦类、稻谷类和粗粮三大类。本章采用广义的粮食定义。

（3）战略资源能力方面指标体系。

"战略石油储备满足消费的天数"和"人均粮食产量"这两个指标，分别从总量和均量的角度，对石油、粮食这两种重要战略资源进行阐述，共同说明了我国的

---

[①] 顾海兵，张敏. 中国经济安全研究：五大误区与辩证方法论反思［J］. 经济学动态，2017（2）：14-24.

战略资源现状。我国战略资源领域经济安全能力各指标警限、安全区间、安全类型如表7-1、表7-2、表7-3所示。

**表7-1** 各指标上下警限

| 指标 | 下警限 | 上警限 |
| --- | --- | --- |
| 战略石油储备满足消费的天数 | 7 | 60 |
| 人均粮食产量（公斤/人） | 350 | 500 |

**表7-2** 战略石油储备满足消费的天数安全区间划分

| 观察值 | 安全区间 |
| --- | --- |
| <7 | <60 |
| [7，33.5) | 60～100 |
| [33.5，60] | 100～60 |
| >60 | <60 |

资料来源：由笔者计算所得。

**表7-3** 人均粮食产量安全区间划分

| 观察值（公斤） | 安全区间 |
| --- | --- |
| <350 | <60 |
| [350，425) | 60～100 |
| [425，500] | 100～60 |
| >500 | <60 |

资料来源：由笔者计算所得。

根据各指标的安全得分，本报告将安全类型划分为5种：极度不安全、不安全、轻度不安全、基本安全、安全，具体判断标准见表7-4。

**表7-4** 安全类型判断标准

| 安全得分 | 安全类型 |
| --- | --- |
| [0，20) | 极度不安全 |
| [20，40) | 不安全 |
| [40，60) | 轻度不安全 |
| [60，80) | 基本安全 |
| [80，100) | 安全 |

资料来源：由笔者计算所得。

## 7.2 经济安全能力中的战略资源领域：2017年监测

本节对2017年战略资源领域方面的指标进行了监测。2017年我国战略石油储备满足消费的天数约为 27 天，该指标的安全得分为 90 分，处于安全类型；人均粮食产量 445 公斤，该指标安全得分 89 分，处于安全类型。

### 7.2.1 石油储备情况 2017 年监测

国家战略石油储备满足消费的天数指标值等于国家战略石油储备量除以我国日均石油消费量。在我国，战略石油储备是指由中央政府依法集资、出资兴建，并由中央政府依法集中统一管理，受全社会监控的民用原油储备[①]。

我国自 1993 年以来就开始酝酿战略石油储备项目，2003 年开始正式筹建战略石油储备基地。2004 年，国家初步计划一期建设 4 个战略石油储备基地，二期建设 8 个战略石油储备基地，其中包括国家战略石油储备和商业战略石油储备，总储备能力达到 2.74 亿桶（约 3 740 万吨）[②]。目前，我国已经启动第三期战略石油储备基地建设筹备工作，预计将在 2020 年建成投产。

表 7-5 我国战略石油储备基地相关情况

| | 储备基地名称 | 容量（万立方米） | 验收时间 | 备注 |
|---|---|---|---|---|
| 第一期 | 镇海石油储备基地 | 520 | 2007 年 12 月 | |
| | 舟山石油储备基地 | 500 | 2007 年 12 月 | |
| | 黄岛石油储备基地 | 320 | 2008 年 11 月 | |
| | 大连石油储备基地 | 300 | 2008 年 11 月 | |
| 第二期 | 天津石油储备基地 | 1 000 | | 500 万立方米国家战略石油储备和 500 万立方米商业石油储备 |
| | 鄯善石油储备基地 | 800 | | 2008 年年底 1 期 100 万立方米已建成 |
| | 独山子石油储备基地 | 540 | 2011 年 7 月 | |
| | 惠州石油储备基地 | 500 | | 2010 年动工 |
| | 兰州石油储备基地 | 300 | 2011 年 | |
| | 锦州石油储备基地 | 300 | | 2012 年 3 月开工建设 |
| | 金坛石油储备基地 | 300 | | |
| | 舟山石油储备基地 | 250 | | 2009 年获批增加 250 万立方米库容 |

资料来源：董秀成，周仲兵. 中国战略石油储备政策研究 [M]. 北京：科学出版社，2016：98-100.

在我国，国家战略石油储备数据并没有及时的官方数据公布，在 2014 年以前都是被视为绝密内容不对外公开。2014 年在澳大利亚 G20 第九次峰会讨论能源议

---

[①] 董秀成，周仲兵. 中国战略石油储备政策研究 [M]. 北京：科学出版社，2016：40.

[②] 同①98.

题时，国家主席习近平宣布，根据二十国集团在数据透明度方面的共识，中方将定期发布石油库存数据。随后，国家统计局发布，我国国家石油储备一期工程已经建成投用，包括舟山、镇海、大连和黄岛等 4 个国家石油储备基地，总储备库容为 1 640 万立方米，储备原油 1 243 万吨（约 0.76 吨/立方米），相当于大约 9 100 万桶。在此之后，国家发展和改革委、国家统计局、商务部不定期发布有关战略石油储备的数据信息，但目前并没有形成定期、清晰的数据公布机制。至 2015 年年中，我国共建成 8 个国家石油储备基地，总储备库容 2 860 万立方米，利用上述储备库容及部分社会库容，储备原油 2 610 万吨，在此时的石油储备中，出现了"部分社会库容"。至 2016 年年初，我国建成舟山、镇海、大连、黄岛、独山子、兰州、天津及黄岛国家石油储备洞库共 8 个国家石油储备基地，利用上述储备库及部分社会企业库容，储备原油 3 197 万吨，这次的表述中出现了"社会企业库容"，表明我国企业石油储备进一步发展。至 2016 年年中，我国建成舟山、舟山扩建、镇海、大连、黄岛、独山子、兰州、天津及黄岛国家石油储备洞库等 9 个国家石油储备基地，利用上述储备库及部分社会企业库容，储备原油 3 325 万吨。至 2017 年年中，我国利用上述 9 个储备库及部分社会企业库容，储备原油 3 773 万吨。2015 年年中至 2016 年年中原油储备增加 715 万吨，2016 年年中至 2017 年年中原油储备增加 448 万吨，增速有所下滑。

由于我国战略石油储备量的公开数据有限，且自 2015 年以来公布的都是到年中的数据，因此需要通过一定的方法对年度数据加以推算。董秀成和周仲兵（2016）借用 DIS-Risk 模型框架，构建我国战略石油储备规模预测模型，在综合考虑政治因素、经济因素、社会因素和自然因素的基础上，预测我国战略石油储备 2013 年约为 35 000 万桶（按 7 桶＝1 吨计算，约 5 000 万吨），到 2020 年增至 48 000 万桶（约 6 857 万吨），2035 年约增加至 56 000 万桶（约 8 000 万吨）；2013—2014 年为快速增长期，年平均增速在 12％左右；2015—2027 年进入稳步增长期，年平均增速在 1.33％左右；2028—2035 年增速较为平缓，年平均增速在 0.8％左右[①]。这一计算模型虽然考虑了多重因素，但是却脱离了石油储备的基础制约条件，导致结果完全超出了我国战略石油储备基地的实际储存能力。我国石油储备量的增加一方面受国际油价波动增长影响，另一方面受到储备基地容量制约。公开资料显示，按照《国家石油储备中长期规划（2008—2020 年）》，2020 年以前，将陆续建设国家石油储备第三期项目。在新的储备工程完工前，石油储备量并不会随着工程进度

---

① 董秀成，周仲兵. 中国战略石油储备政策研究 [M]. 北京：科学出版社，2016.

的进展而随之逐渐增加，而是要在项目完成之后才会有增长的空间，因此，石油战略储备量不会出现大的变动。

如前文所述，前两期总储存能力应为 3 740 万吨左右。这一数据略高于国家发展和改革委公布的实际战略储备量，说明可能存在一定的续储空间。目前，第三期战略石油储备基地仍在规划建设中，根据国家能源局《2018 年能源工作指导意见》中的表述"加快国家石油储备项目建设，推进国家石油储备基地三期项目前期工作"，表明三期项目建设在 2017 年并没有特别大的进展，而且目前并没有公开消息报道有新的完工项目，因此，战略石油储备仍将在前两期完成的国家石油储备基地中，储量将在 4 000 万吨总储量以内。值得注意的是，在国家石油战略储备基地建设的同时，部分单位也在建设商业库容库，作为国家储备基地的补充。根据公开报道，目前镇海基地、舟山基地都有相应的商业库容存在。

由此我们认为，前文分析中所提到的原油储备增加，一部分源自新的国家储备基地建成后的库容增加；另一部分来源于已建成国家储备基地库容进一步利用和"社会企业库容"的增加。如 2015 年年中至 2016 年年中原油储备增加 715 万吨，一部分增加来源于舟山扩建基地的投入使用，有报道显示舟山扩建库容为 250 万吨；另一部分增加来源于已建成的国家储备基地的库容进一步利用和社会企业库容增加，约为 465 万吨。而 2016 年年中至 2017 年年中原油储备增加 448 万吨，因为此时并没有新的储备基地建设完成，因此本次原油储备增加应当主要来自国家储备基地库容的进一步利用和社会企业库容增加。之所以出现增速下滑，原因主要有三方面：一是国际油价上涨导致原油进口量增速回落，二是国内原油产量下降，三是国内原油消费量上升。在此期间内，国际油价（原油期货价格）的变动如图 7-1 所示。2015 年年中至 2016 年年中，国际油价基本处于下跌阶段，特别是 2015 年 6 月至 2016 年 1 月，最大跌幅为 43.5%；自 2016 年 1 月开始，国际油价开始缓慢回升，至 2016 年年底达到新的高点，但依然低于 2015 年年中油价；自 2017 年年初开始，国际油价缓慢下降后开始回升，2017 年年底时已经超过 2015 年的最高值。

国际油价的波动影响了我国的原油进口量。2015 年，我国原油进口量 33 548 万吨；2016 年，我国原油进口量 38 101 万吨，比 2015 年增长 13.6%；2017 年，我国原油进口量达到 41 957 万吨，比 2016 年增长 10.1%，增速回落 3.5 个百分点。另外，国内原油产量持续下滑，2015 年国内原油产量 21 456 万吨；2016 年国内原油产量 19 969 万吨，比 2015 年减少 6.9%；2017 年国内原油产量 19 151 万吨，比 2016 年下降 4.1%。与此同时，国内原油消费量逐渐上升，根据《中国能源统计年鉴 2017》的数据，2015 年国内原油消费量为 54 088 万吨，2016 年国内原油消费量为 56 026 万吨。综合因素导致了 2016 年年中到 2017 年年中原油储备增量的下降。

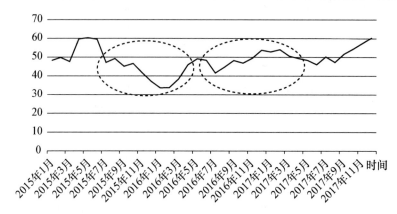

图 7-1　原油期货价格指数（WTI 原油期货价格指数）

资料来源：investing.com，笔者整理。

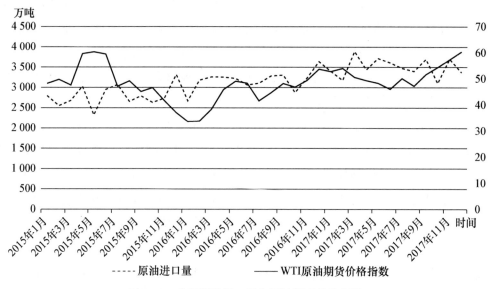

------ 原油进口量　　　—— WTI原油期货价格指数

图 7-2　我国原油进口量与原油期货价格指数

资料来源：海关总署、investing.com，笔者整理。

为了计算 2017 年的国家战略石油储备，我们假定自 2017 年年中（储量为 3 773 万吨）以来，并没有新的国家战略储备基地建成。由于目前并没有公开的新闻报道，因此这一假设是合理的。根据 2017 年我国原油进口量、生产量、出口量，我们可以求得 2017 年我国原油表观消费量为 60 622 万吨。自 2012 年以来，我国原油消费量基本保持匀速增长（2012 年至 2016 年增速分别为 6.2%、4.2%、5.9%、4.9%、3.6%），因此，在没有发生大的技术变动和经济结构调整的前提下，本章假设 2017 年原油消费量依然维持匀速增长。从近几年我国原油消费量数据可以看出，我国原油消费量维持增长状态，但是增速在一定范围内波动，因此我们采用近 5 年增速的平均值来计算 2017 年的增速，得到 2017 年的原油消费量增速为 5.0%，由此推断出 2017 年我国原油消费量为 58 827 万吨。我们假定原油消费在年内匀速进行，则 2017 年我国每月消耗原油约 4 902 万吨，每半年共消费原油约 29 414 万吨。根据 2017 年下半年原油产量、进口量和出口量，可以计算出 2017 年下半年我国原油表观消费量为 30 038 万吨，减去实际原油消费量，可以得出我国 2017 年下半年储存原油约为 624 万吨。则 2017 年国家战略石油储备等于 3 773＋624＝4 397 万吨。

表 7 - 6  我国原油消费量及增速

| 年份 | 原油消费量（万吨） | 增速（%） |
| --- | --- | --- |
| 2010 | 42 874.55 | |
| 2011 | 43 965.84 | 2.55 |
| 2012 | 46 678.92 | 6.17 |
| 2013 | 48 652.15 | 4.23 |
| 2014 | 51 546.95 | 5.95 |
| 2015 | 54 088.28 | 4.93 |
| 2016 | 56 025.93 | 3.58 |

资料来源：中国能源统计年鉴，笔者计算。

表 7 - 7  我国原油表观消费量及增速

| 年份 | 原油表观消费量（万吨） | 增速（%） |
| --- | --- | --- |
| 2010 | 43 766.6 | |
| 2011 | 45 414.1 | 3.76 |
| 2012 | 47 607.3 | 4.83 |
| 2013 | 49 004.4 | 2.93 |
| 2014 | 51 920.3 | 5.95 |
| 2015 | 54 717.3 | 5.39 |
| 2016 | 57 775.5 | 5.59 |
| 2017（预计） | 60 622 | 4.93 |

资料来源：国家统计局，海关总署，笔者计算。

根据我国 2017 年原油消费量 58 827 万吨，可以计算出每天的实际消费量＝58 827/365＝161 万吨，2017 年我国战略石油储备满足消费的天数约为 27 天。

运用插值法及前文所列明的指标警限，计算得出该指标的安全得分为 90 分：

安全得分＝60＋(27－7)×(100－60)/(33.5－7)＝90

根据安全类型标准，2017 年我国战略石油储备满足消费天数的指标处于安全类型。

## 7.2.2 粮食生产情况 2017 年监测

对人均粮食产量指标的监测本报告是采用分子、分母分别监测法，然后进行简单的运算得到，人均粮食产量＝粮食总产量/人口总数，粮食总产量和人口总数历年都有官方数据公布，根据历年的国家统计局官方网站公布数据，得出 2013—2017 年的观察值结果，如表 7-8 所示：

表 7-8 中国人均粮食产量观察值（2013—2017 年）

| 年份 | 2013 | 2014 | 2015 | 2016 | 2017 |
|---|---|---|---|---|---|
| 粮食产量（万吨） | 60 194 | 60 710 | 62 144 | 61 624 | 61 791 |
| 人口（万） | 136 072 | 136 782 | 137 462 | 138 271 | 139 008 |
| 人均粮食产量（公斤） | 442 | 444 | 452 | 446 | 445 |

资料来源：国家统计局。

运用插值法计算出数值并换算为相应的百分制安全得分，再判断其安全类型，如表 7-9 所示。

表 7-9 人均粮食产量安全得分及类型（2013—2017 年）

| 年份 | 2013 | 2014 | 2015 | 2016 | 2017 |
|---|---|---|---|---|---|
| 安全得分 | 91 | 90 | 86 | 88.8 | 89 |
| 安全类型 | 安全 | 安全 | 安全 | 安全 | 安全 |

资料来源：笔者整理。

容易看出，近五年来我国人均粮食产量稳定在安全区间，在 2013—2015 年间有逐年下降的趋势，2015—2017 年缓慢回升。

2017 年我国粮食产量为 6.17 亿吨，比 2016 年增产 0.16 亿吨。2017 年粮食产量的上升是播种面积减少和单产增加双重作用的结果。2017 年，全国粮食播种面积比 2016 年减少了 1 222 万亩，延续了自 2016 年起的下降趋势；而全国粮食面积单位产量则增产 3.6 公斤/亩，较 2016 年增加 1.0%[①]。

播种面积的持续下降是结构优化的结果，自 2016 年起，各地主动调整农业种植结构，在主要口粮作物稻谷、小麦播种面积保持基本稳定的基础上，调减库存较

---

① 2017 年中国粮食总产量超 1.2 万亿斤 为历史第二高产年［EB/OL］.（2017-12-08）［2017-12-08］. http://www.chinanews.com/gn/2017/12-08/8396121.shtml.

多的玉米种植，大幅调减"镰刀弯"等非优势区玉米种植面积，采取"玉米改大豆"、"粮改饲"和"粮改油"等措施调整农业种植结构，使得农业结构更加优化。在高产作物大幅调减的情况下，2017 年粮食产量依然实现小幅增产，实现"历史第二高产年"，这与农业气候有利、自然灾害较轻等因素所导致的粮食单产增加密不可分。

再看我国人口情况，根据《2017 年国民经济和社会发展统计公报》，2017 年年末全国大陆总人口 139 008 万人，比 2016 年末增加 737 万人，自然增长率为 5.32‰。据此计算 2017 年我国人均粮食产量达到了 445 公斤，与 2016 年水平相当。按照国际组织测算，中国人每天平均从饮食中得到的热量应该保持在 2 800 大卡的水平上，将我们摄入的肉、蛋、奶都换算成粮食，我们每个人每年需要的粮食大概是 400 公斤，目前我国的人均粮食产量已经超出这个标准了。

## 7.2.3　战略资源安全能力 2017 年监测结果

综合前文监测结果，2017 年战略资源安全能力各指标监测结果如表 7 - 10 所示。

表 7 - 10　　　　　　　　　　　　　2017 年指标监测值

|  | 指标值 | 安全得分 | 安全类型 |
|---|---|---|---|
| 战略石油储备满足消费的天数 | 27 | 90 | 安全 |
| 人均粮食产量（公斤） | 445 | 89 | 安全 |

资料来源：笔者整理。

我国战略石油储备满足消费的天数和人均粮食产量的安全得分都较高，均处于安全类型，表明我国战略资源领域有着较强的抵抗外来冲击等能力。

## 7.2.4　与 2017 年预警的比较

根据 2016 年经济安全报告数据，对 2017 年指标监测值与 2016 年预测值加以比较，如表 7 - 11 所示。

表 7 - 11　　　　　　　　　2017 年指标监测值与 2016 年预测值的对比

|  | 2016 年预测 | | | 2017 年监测 | | |
|---|---|---|---|---|---|---|
|  | 指标值 | 安全得分 | 安全类型 | 指标值 | 安全得分 | 安全类型 |
| 战略石油储备满足消费的天数 | 31 | 96.2 | 安全 | 27 | 90 | 安全 |
| 人均粮食产量（公斤） | 445 | 89 | 安全 | 445 | 89 | 安全 |

从表 7 - 11 看，"战略石油储备满足消费的天数"指标 2017 年监测值要远低于

2016 年的预测值，这是由于战略石油储备没有官方数据的公布，只能是基于各种新闻片段去推测，导致对战略石油储备量的预测产生较大的误差。而"人均粮食产量"指标的预测值与监测值一致。

## 7.3 经济安全能力中的战略资源领域：2018 年预警

本节分别对 2018 年我国战略石油储备满足的消费天数和人均粮食产量进行了预测，预计 2018 年我国战略石油储备可以满足消费 27 天，安全得分为 90 分，处于安全类型；预计 2018 年人均粮食产量为 441 公斤，安全得分为 91 分，处于安全区间。

### 7.3.1 战略石油储备满足消费的天数 2018 年预测

对该指标的预测需要从两方面着手：一是预测我国 2018 年战略石油储备量的变动，二是预测 2018 年我国原油消费量的变动。

从 2018 年我国海关原油进口量来看，2018 年 1—2 月份，我国进口原油 7 290 万吨，同比增长 10.8%，增速回落 1.7 个百分点。2013—2017 年，我国原油进口增速分别为 4.0%、9.5%、8.8%、13.6%、10.1%，原油进口增速随着国际油价波动而变化，根据 WTI 原油期货价格指数，2013 年国际原油价格处于高位，WTI 在 90 以上，因此 2013 年我国原油进口增速只有 4.0%。2014 年国际油价出现大幅下跌，WTI 由 97 跌落至 53 左右，为我国原油进口创造了便利条件。因此，我国 2014 年原油进口增速加倍，达到了 9.5%。2015 年与 2016 年，国际油价一直在低位徘徊，偶有波动，因此我国原油进口量依然保持较高增速。特别是 2016 年开始我国国内原油产量出现下滑，对进口原油的需求开始增加，因此 2016 年原油进口增速保持在较高水平。2017 年国际油价出现上行趋势，WTI 由 50～60 区间进入 60～70 区间，导致我国原油进口增速出现相对回落。根据 2018 年前 6 个月的 WTI 数据，2018 年国际原油价格可能会出现小幅回升，这将导致我国原油进口量增速的进一步下滑。从 2018 年前 5 个月的进口原油增速来看，我国原油进口量增速为 8.0%，比 2017 年同期回落 5.1 个百分点，这与我们前文的分析结果相吻合。我们假设全年的进口量在每个月份基本相等，因此，我们预测 2018 年我国原油进口量全年增速比 2017 年增速回落 5.1 个百分点，约为 5%。根据这一增速，我国 2018 年原油进口量约为 44 055 万吨。

从原油出口量来看，自 2015 年以来，我国原油出口量分别为 287 万吨、294 万吨、486 万吨，与国际油价变动相关。根据 WTI 年度均价与原油出口量求回归，我们得到原油出口量与国际油价的近似线性关系。根据 2018 年前 6 个月的国际油价数据，我们预测 2018 年我国原油出口量会继续上涨，约为 633 万吨。

从原油产量来看，根据国家统计局公布的数据，2012 年以来，我国原油生产基本稳定，受国际原油市场和国内石油生产开采条件变化等多种因素影响，自 2016 年以来略有减产，2016 年减产 6.9%，2017 年减产 4.1%，2018 年国际原油价格依然会在低位徘徊，为此我们预测 2018 年我国原油产量将继续维持下滑态势。根据国家发展和改革委公布的《能源发展"十三五"规划》，要保持能源供应稳步增长，原油生产量为 2 亿吨。因此，不会出现原油产量大幅下跌过程，因此我们假设产量减少速度与 2017 年基本持平，维持在 4.1% 左右，则 2018 年我国原油产量预计约为 18 366 万吨。

根据前文分析，我们认为 2018 年我国原油消费量继续维持增长。由近几年来我国原油消费数据可以发现，我国原油消费量处于持续增长状态，但是增速会在一定范围内小幅波动。因此，我们假设 2018 年原油消费量增速为前 5 年消费量增速的平均值，约为 4.72%。由此预测 2018 年我国原油消费量约为 61 604 万吨。

由此，可以预测 2018 年我国新增原油储量＝原油进口量－原油出口量＋原油产量－原油消费量＝184 万吨，至 2018 年年底我国战略石油储备量约为 4 581 万吨。

根据预测的 2018 年原油消费量可以预测出 2018 年平均每日原油消费量约为 169 万吨，因此，预计 2018 年我国战略石油储备可以满足消费 27 天。运用插值法及前文所列明的指标警限，计算得出该指标的安全得分为 90 分，根据安全类型标准，2018 年我国战略石油储备满足消费的天数的指标处于安全类型。

## 7.3.2　人均粮食产量 2018 年预测

本节首先对 2018 年我国粮食产量和人口数量做了预测，计算人均粮食产量，继而对我国粮食生产中存在的问题进行了梳理。

对 2018 年人均粮食产量的预警，我们采取了分子分母分开预测法，即分别预测粮食总产量和总人口。首先我们来看 1987—2017 年我国粮食总产量的情况，如图 7 - 3 所示。

对 2018 年粮食产量的预测，我们结合了固定增长率法和机构预测法两种方法。固定增长率法是一种经常用于预测人口、产量等基数较大、浮动率较小的递增或递减数列的方法；而机构预测法是充分听取专家经验，结合机构丰富预测经验之下的结论，给出预测结果，是准确度很高的一种方法，在众多预测方法中最为可信。在过去几年的经济安全年度报告中，粮食产量的预测方法通常选取机构预测法、增长率计算法的平均值为预测结果。结合以往经验，我们选取机构预测法和增长率计算法进行预测。

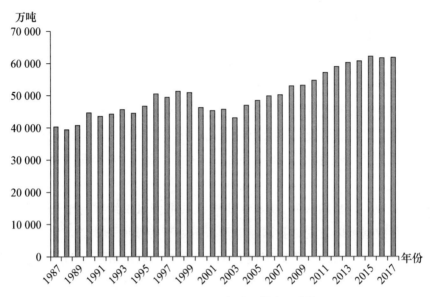

**图 7 - 3　1987—2017 年我国粮食总产量**

资料来源：国家统计局。

　　从图 7 - 3、图 7 - 4 看，我国粮食产量在 2003 年之前呈现出震荡上升的趋势，2004—2015 年实现了十二连增，2016 年出现了小幅下降，2017 年又呈上升趋势。从 2007—2017 年的粮食产量长率看，我国粮食增长较为平稳，波动范围均不超过5%，符合使用固定增长率法的要求，故我们采用固定增长率预测法。由于十年的跨度太长，不利于准确预测增长率，故我们采用近五年 2013—2017 年的数据。

　　在第 4 章的谷粮预测中，我们曾取 2013—2017 年增长率数据，算得算术平均值0.92%，我们用 0.92% 的增长速度预测 2018 年我国粮食总产量将达到 5.70 亿吨。

　　我们再看相关机构的预测分析。2018 年 1 月，中国科学院预测科学研究中心发布了《2018 年中国农业生产形势分析与展望》预测报告。在天气正常、不出现大的自然灾害的情况下，报告预计 2018 年我国粮食总产量将可能与 2017 年持平。其中夏粮产量持平略减，秋粮产量将持平略增。该预测报告认为，2018 年中国粮食生产既有有利因素的支持，同时又面临着一些不利因素的严峻考验。有利条件主要为：中央和各省市继续重视和加强对农业和粮食生产的支持力度；粮食价格稳定运行，玉米价格企稳回升；种植结构持续优化；小麦、稻谷将继续实行最低收购价政策等。这些因素将对粮农的种粮积极性有所刺激。不利因素为：稻谷和小麦先后调减最低收购价；农民收益持续较低，未见明显改善；持续降雨导致冬小麦播种面积略减；廉价进口粮冲击导致"卖粮难"问题持续等[①]。

我们取固定增长率法预测的产量及机构预测的产量的平均值，得到 2018 年粮食产量为 6.16 亿吨，略低于 2017 年粮食产量。

再来看人口总数。人口数量增长率相比于粮食总产量增长率更具有稳定性。

如图 7-4 可以看出，1987—2017 年我国人口自然增长率呈下降趋势，且近年来我国人口自然增长率比较稳定，故我们运用移动平均法根据近五年的自然增长率预测 2018 年人口自然增长率。

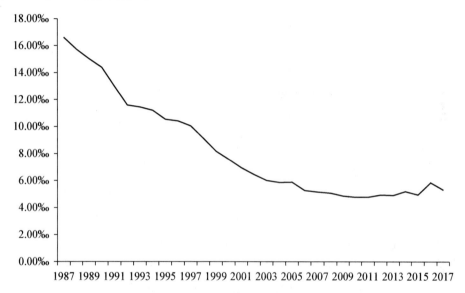

**图 7-4　1987—2017 年我国人口自然增长率**

资料来源：国家统计局。

2013—2017 年人口自然增长率分别为 4.92‰、5.21‰、4.96‰、5.86‰、5.32‰，按照时间远近对近五年的数据分别赋权 0.1、0.15、0.2、0.25、0.3，得到 2018 年人口自然增长率为 5.33‰，据此预测 2018 年我国人口总量为 139 748.9 万人。

2018 年人均粮食产量＝2018 年粮食总产量/2018 年人口总数＝441 公斤。

综上，本报告预测 2018 年人均粮食产量为 441 公斤，与 2017 年人均产量相比略有下降，波动幅度较小。对应安全得分为 91 分，处于安全区间。

### 7.3.3　战略资源安全能力 2018 年预警

根据以上预测结果，2018 年我国战略资源安全能力都处于安全状态，如

---

① 中科院预测中心：预计 2018 年全年粮食产量持平［EB/OL］.（2018-01-18）［2018-01-18］. http://www.ce.cn/xwzx/gnsz/gdxw/201801/18/t20180118_27788740.shtml.

表 7－12 所示。

**表 7－12** **战略资源安全能力 2017 年监测与 2018 年预警**

| | 2017 年监测 | | | 2018 年预警 | | |
|---|---|---|---|---|---|---|
| | 指标值 | 安全得分 | 安全类型 | 指标值 | 安全得分 | 安全类型 |
| 战略石油储备满足消费的天数 | 27 | 90 | 安全 | 27 | 90 | 安全 |
| 人均粮食产量（公斤） | 445 | 89 | 安全 | 441 | 91 | 安全 |

## 7.4 小结与思考

总体来看，我国战略资源领域的经济安全能力相关指标在 2017 年和 2018 年都处于安全区间内，反映出我国抵御外界冲击的能力较强。

分指标来看，我国战略石油储备满足消费的天数 2018 年预计与 2017 年基本保持一致。这得益于随着国家对战略石油储备的逐步重视，我国战略石油储备基地建设稳步推进，石油储备量日益充足，正向国家制定的战略目标迈进。但是，我们必须看到，我国战略石油储备能够满足消费的天数离发达国家战略石油储备满足消费的天数还有较大的差距。国家战略石油储备除受到储备基地储存能力的限制外，还受到国内产量以及进口量的制约，受到国际油价的影响。随着国际政治经济局势不稳定态势的出现，处于较高石油对外依存度区域的我国必须尽快加强战略石油储备安全能力，才能在出现危机之时有所保障。根据国家战略石油储备基地的建设计划，战略石油储备二期工程将会陆续竣工投入使用，这样必将为我国战略石油储备提供更加有利的条件。我国石油的对外依存度较高，而且在最近几年，国内石油产量出现了连续下降，虽然降幅并不明显，但随着石油消费量的日渐增加，我国对于进口石油的依赖程度将会逐渐增大。目前，国际政治风险因素有所上升，不确定性因素增加，国家必须加强战略石油储备能力建设，才能在突发危机面前有所依仗，维护经济稳定。

从人均粮食产量来看，2018 年人均粮食产量略低于 2017 年的数据，主要是由于粮食总产量与 2017 年几乎持平，但是人口有所增长。民以食为天，粮食安全是维持经济安全、政治稳定、社会安定的重要因素。由于一系列有利因素的驱动，我国人均粮食产量继续稳定，有助于我国经济社会的持续发展。但也应当看到，我国粮食生产还面临一系列不利因素的制约，如果不能谨慎应对，可能会对我国粮食生产造成负面影响。由于粮食价格受限、进口粮食冲击、农业收入低等因素的影响，我国粮食生产量已经连续几年增长速度非常缓慢。随着我国逐渐进入老龄化社会，以及城镇化率的逐步提高，农村生产劳动力会出现缩减，有可能导致粮食产量的下跌，而随着国家"二孩"政策的实施，我国人口自然增长率则可能会出现小幅提升，两方面因素的共同作用会导致人均粮食产量的下滑，这可能会对我国经济社会持续发展造成冲击。

【执笔人：朱凯　赵泊宁】

# 第8章 经济安全能力之宏观稳定领域

**摘要：** 本章研究经济安全能力中的宏观稳定领域 2017—2018 年的情况。本章选取了三个量化指标——GDP 增长率、CPI 增长率和城乡收入比，来刻画我国宏观稳定领域的经济安全能力状况。首先阐述了指标选取的理由，分析了三大指标的变化趋势；其次对三大指标表征的 2017 年我国宏观稳定领域的安全状况进行监测，最后分别利用专家调查法和一阶差分法预测了三个量化指标 2018 年的数据，并在此基础上对我国 2017—2018 年的宏观稳定状况进行了总体分析。

## 8.1 经济安全能力中的宏观稳定领域

国家安全是一个体系，在这个体系中，政治安全是核心，文化安全是前提，而经济安全则是基础。经济基础决定上层建筑，经济实力雄厚的国家能有更多的资金投入科技的研发中，从而军事（政治）安全越来越依赖于经济安全。同时，从国家内部来看，经济水平决定人民群众的生活水平，经济的发展能使人民享受到更好的教育、医疗、娱乐服务，有利于社会的长治久安。因此，经济安全在整个国家安全体系中的地位和作用越来越重要。而且改革开放已有 40 年，中国经济发展在取得巨大成就的同时也积累了很多经济安全风险，对国家经济安全的研究具有重要的战略意义，引发了国内外学者的广泛讨论。

国际上很多学者分析了国家经济安全状况。美国的白宫新闻署公开发表的文章中分析了国家安全和国家经济安全状况，指出自由贸易协定对美国经济增长和国家安全是至关重要的。Rakisits（2012）分析了巴勒斯坦经济发展与经济安全所面临的挑战。Kazantsev（2012）讨论了基本经济安全观，提出了一种评估地方经济保护级别的新方法。国内关于经济安全问题的研究也不断深入。何维达（2012）指出，国家经济安全，即指一国经济在整体上基础稳固、稳健增长、持续发展，在面临各种因素冲击时仍能继续稳定运行、健康发展，保持经济利益不受重大损害的状态。影响国家经济安全能力的要素有很多。聂富强（2005）系统论述了国家经济安全预警的理论界定、预警方法，并对金融安全、对外经济安全、财政安全、区域经济、产业结构、粮食安全、能源安全、信息安全、突发事件等问题进行了系统研究。在这些影响要素中，宏观稳定是国家经济安全的重要支撑。谢伏瞻（2001）指出，影响国家经济安全的主要宏观因素包括经济增长、经济稳定、经济体制及外部冲击等多个方面，宏观经济政策如就业政策、收入分配政策、社会保障政策等与经济安全息息相关。

宏观稳定不仅从理论上来看对国家经济安全有很大影响，从实际上来看也与人民的生活息息相关，尤其是通胀、收入差距等方面。因此，本章对宏观稳定做出监测及预警具有非常重要的理论及实践意义。

## 8.1.1　指标选取

鉴于国家经济安全的重要性和紧迫性，很多学者都对国家经济安全的评价指标体系进行过研究。叶卫平（2010）认为国家经济安全是指一个国家经济战略利益的无风险或低风险的状态，表现为基本经济制度和经济主权没有受到严重损害，使得经济危机的风险因素处于可以控制的状态。并基于此定义设计出国家经济安全的两级评价指标体系及其不同的权重确定方法。其认为国家经济安全的一级评价指标包括基本经济制度、经济主权等，二级评价指标主要包括 GDP 增长率、失业率、社会固定资产投资增长率、通货膨胀率、物价指数等宏观领域变量。本章分析宏观稳定领域的指标，与叶卫平提出的二级评价指标具有相似之处。由于影响宏观稳定的因素众多，我们选择考察国家宏观经济政策的四大目标，即实现经济增长、稳定物价、充分就业以及保持国际收支平衡。其中，由于国际收支平衡属于外在条件而非内在能力，因此不将其纳入宏观稳定领域的考察范围之内。

## 8.1.2　经济增长与国家经济安全能力

增长与稳定是宏观研究关注的主题。只有经济的持续增长，才能使经济处在良好的均衡状态上，达到宏观稳定，进而保证经济安全。吕海燕（2005）指出，经济稳定与经济增长是相辅相成的，经济稳定是在经济适度增长和发展中的稳定，即动态稳定，而不是静态稳定。因此，经济稳定就包含有经济增长和发展的内容，就是指要保持经济的持续、稳定、协调的发展。

经济增长通常是指在一个较长的时间跨度上，一个国家产出（或收入）水平的持续增加。经济增长率的高低体现了一个国家或地区在一定时期内经济总量的增长速度，也是衡量一个国家或地区总体经济实力增长速度的标志。决定经济增长的直接因素包括投资量、劳动量、生产率水平等。用现价计算的GDP可以反映一个国家或地区的经济发展规模，用不变价计算的GDP可以用来计算经济增长的速度。经济正增长一般被认为是整体经济景气的表现。如果一个国家的国内生产总值增长率为负数，说明经济面临衰退的风险。本章采用GDP增长率这一指标来衡量经济增长的水平。

## 8.1.3　物价稳定与国家经济安全能力

物价问题事关国计民生，与经济发展、人民生活、社会和谐息息相关，不仅是一个经济问题，而且是一个重大的政治问题。从经济发展来看，价格是配置经济资源的重要杠杆，直接引导着经济结构和产业结构的优化，引导着经济速度、质量、效益的协调平衡，是促进科学发展、和谐发展、率先发展的重要手段。从改善民生来看，价格与人民群众的生活息息相关，直接牵涉人民群众的切身利益。从社会和谐来看，价格是各种利益关系的交汇点，价格变动则直接影响到社会各个层面的利益变换。毕井泉（2007）提出，要充分发挥价格杠杆作用，促进经济社会又好又快发展。保持价格总水平基本稳定是我国经济社会持续健康发展的重要保障，物价稳定对于促进经济发展、推动社会和谐、保障改善民生，维护政治经济大局，都具有十分重要的意义。

一般用CPI即居民消费价格指数来衡量物价稳定。居民消费价格指数，是一个反映居民家庭一般所购买的消费品和服务项目价格水平变动情况的宏观经济指标。它是在特定时段内度量一组代表性消费商品及服务项目的价格水平随时间而变动的相对数，是用来反映居民家庭购买消费商品及服务的价格水平的变动情况。CPI变动率在一定程度上反映了通货膨胀或紧缩的程度。一般来讲，物价全面地、持续地上涨就被认为发生了通货膨胀，反之则发生了通货紧缩。

## 8.1.4　充分就业与国家经济安全能力

我国人口基数很大，而且目前正处在从二元经济向现代经济结构转换、社会主义市场经济体制还不完善的时期，所以就业问题成为政府调控的主要方向。统计科学研究所（2002）指出就业问题是关系国家经济安全的前提性问题。居民对未来经济形势的信心度首先反映在就业方面，不能增加就业的经济增长不可能提高居民对经济的信心度，从而影响宏观稳定及经济安全。对于充分就业的衡量，通常采用的是官方统计的城镇登记失业率，但由于数据不全面、不准确，学术界并不经常使用，因此本章也不使用。"充分就业"反映的是社会稳定，我国反映社会稳定比较常用的指标之一是"城乡收入差距"。收入分配对生产具有重要的反作用，主要表现在分配水平对生产有重要影响。经济学理论认为，生产生产着消费，但消费也生产着生产。收入是消费的前提，收入差距拉大对经济发展产生紧缩的束缚作用。因此本报告一直采用基于分配的城乡居民收入差距，具体的衡量指标是"城镇居民人均可支配收入与农村居民人均纯收入之比"（简称"城乡收入比"），这也是学术界经常用的指标。至于失业率，今后条件成熟时可以考虑纳入。即使纳入，也要考虑如何与经济增长率综合，因为二者有相当的交叉。

### 8.1.5 指标分析

由此我们选定了衡量宏观稳定的三大指标：GDP 增长率、CPI 增长率、城乡收入差距。下面将根据数据分析这三大指标的变化趋势。

首先分析 GDP 增长率的变化，其衡量的是经济增长情况。图 8-1 是自 1980 年以来的 GDP 增长率变化图。从图 8-1 中可以看出，我国 GDP 增长率的波动幅度较大，最小值出现在 1990 年，仅有 3.9%，最大值出现在 1984 年，达到了 15.2%。根据本报告的系列报告并综合专家学者意见，7%～8% 的 GDP 增长率为最佳。2012 年，我国 GDP 增长率 12 年来第一次低于 8% 的增速。我国经济增速下降主要是因为随着经济发展方式的转变，我国经济进入了新常态阶段，调结构成为重点，经济由高速增长逐渐转变为中高速增长，并进入了 L 形走势的平台期。

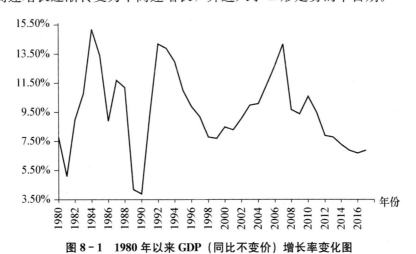

**图 8-1　1980 年以来 GDP（同比不变价）增长率变化图**

资料来源：国家统计局。

其次分析 CPI 增长率情况，其衡量的是物价的波动幅度。图 8-2 是自 1980 年以来的 CPI 同比增速趋势图。

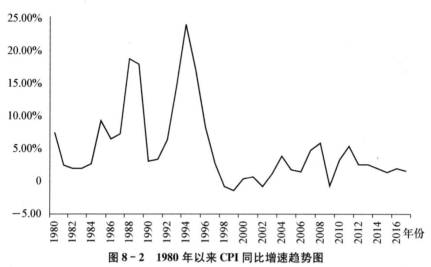

图 8-2 1980 年以来 CPI 同比增速趋势图

资料来源：国家统计局。

从图 8-2 中可以看出，1980 年以来 CPI 增长率变化幅度也很大，最小值出现在 1999 年，出现了 −1.4% 的低位，最大值出现在 1994 年，达到了 24.1%。1997 年起，我国 CPI 增长率变化幅度缩减，稳定在 −1.5%~6% 之间。2012 年，随着国际原油价格的高位回落和国家拉动内需政策影响的淡化，CPI 增比率有所回调，从 2011 年的 5.4% 降至 2.6%，并在后续几年保持在 3.0% 以下水平。

最后分析城乡收入比的变化（如图 8-3 所示），其衡量的是充分就业情况。图 8-3 是自 1980 年以来城乡收入比变化图。从图 8-3 中可以看出，1980 年以来城乡

图 8-3 1980 年以来城乡收入比变化图

资料来源：国家统计局。

收入比在 1.00～4.00 之间的区间波动，1983 年时城乡收入比最小，为 1.82；2009 年时达到了 3.33。从 2009 年开始，城乡收入比呈现出缩小的趋势，自 2014 年以来均低于 3.00 的水平。

总的来看，我国 GDP 增速放缓，物价水平较低，城乡收入比缩小的趋势表明我国改革向着更加注重发展质量和结构调整的方向转变，我国经济进入了新常态。

## 8.2 经济安全能力中的宏观稳定领域：2017 年监测

前文已经介绍到本报告衡量宏观稳定的三项指标分别是 GDP 增长率、CPI 增长率以及城乡收入比，接下来将对 2017 年这三项指标进行安全得分的评定，并分析 2017 年经济安全情况。

### 8.2.1 安全得分计算方法

本报告对三项指标的安全得分计算采用了专家打分的方法，即通过查阅专家的文献资料找出这三个指标的最优值、上限值和下限值。其中，最优值处给予 100 分的赋分，两处偏离最优值的限值给予 60 分的赋分，其余各值处采用插值法。如图 8-4 所示，如设最优值为 $a$、上限值为 $b$ 和下限值为 $c$，当指标的观测值 $x$ 在最优值 $a$ 左侧时的得分为 $S(x)=100+(x-a)\times(100-60)/(a-c)$；观测值 $x$ 在最优值 $a$ 右侧时的得分为 $S(x)=100+(x-a)\times(100-60)/(a-b)$；观测值 $x$ 在 $a$ 处得分为 100 分；观测值 $X$ 在 $b$、$c$ 处的得分为 60 分。

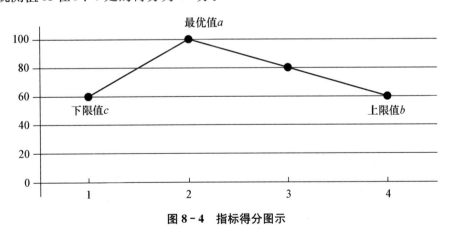

**图 8-4 指标得分图示**

在国内外专家学者的意见及往届报告的基础上，本报告确定出三项指标的最优值和上下限值如下：GDP 增长率的最优值为 7%～8%，上限值为 13%，下限值为

5%；CPI 增长率的最优值为 4%，下限值为 0%，上限值为 7%；城镇居民人均可支配收入和农村居民人均纯收入之比最优值设为 2.25，上限值设为 3.75，下限值依据城乡之间无收入差距时的情形设置为 1。根据插值法得到的各指标具体数值对应的安全得分如表 8-1 所示。

表 8-1　　　　　　　　　　　宏观稳定指标安全区间得分情况

| GDP 增长率 | 安全区间 | <5% | 5%-7%~8% | 7%~8%-13% | >13% |
|---|---|---|---|---|---|
|  | 安全得分 | <60 | 60-100 | 100-60 | <60 |
| CPI 增长率 | 安全区间 | <0% | 0%-4% | 4%-7% | >7% |
|  | 安全得分 | <60 | 60-100 | 100-60 | <60 |
| 城乡收入比 | 安全区间 | <1 | 1-2.25 | 2.25-3.75 | >3.75 |
|  | 安全得分 | <60 | 60-100 | 100-60 | <60 |

资料来源：笔者整理。

根据插值法及选定的最优值、上限值及下限值，并集合历年 GDP 增长率、CPI 增长率及城乡收入比的数据，可以得出近七年三项指标的安全得分并判断其安全情况，最后对三项指标赋予不同的权重，即可得出宏观稳定领域的整体得分并判断整体的安全情况。

表 8-2　　　　　　　　　　　2011—2017 年各指标安全状况

| 年份 | 2011 | 2012 | 2013 | 2014 | 2015 | 2016 | 2017 |
|---|---|---|---|---|---|---|---|
| GDP 增长率（%） | 9.5 | 7.9 | 7.8 | 7.3 | 6.9 | 6.7 | 6.9 |
| 得分 | 88 | 100 | 100 | 100 | 98 | 83 | 85 |
| 安全状况 | 安全 | 安全 | 安全 | 安全 | 安全 | 安全 | 安全 |
| CPI 增长率（%） | 5.4 | 2.6 | 2.6 | 2.0 | 1.4 | 2.0 | 1.6 |
| 得分 | 81.3 | 86 | 86 | 80 | 74 | 80 | 76 |
| 安全状况 | 安全 | 安全 | 安全 | 安全 | 基本安全 | 安全 | 基本安全 |
| 城乡收入比 | 3.13 | 3.1 | 3.03 | 2.92 | 2.90 | 2.72 | 2.71 |
| 得分 | 76.6 | 77.3 | 79.2 | 82.2 | 82.8 | 87.5 | 87.7 |
| 安全状况 | 基本安全 | 基本安全 | 基本安全 | 安全 | 安全 | 安全 | 安全 |
| **总体安全得分** | 14.2 | 15.4 | 15.5 | 15.3 | 14.9 | 14.14 | 14.12 |
| **安全状况** | 安全 | 安全 | 安全 | 安全 | 安全 | 安全 | 安全 |

资料来源：笔者整理。

从表 8-2 中可以看出，2011—2017 年，我国 GDP 增长率一直维持安全状态，2012—2014 年连续三年安全得分为 100 分。2015 年起连续两年得分出现了下降。这主要是由于进入了新常态经济增长速度出现了下滑。在 CPI 增长率方面，2011 年到 2013 年因 CPI 增长率的下降经济安全程度得以提高。但从 2014 年开始，随着 CPI 增长率连年下降，突破 2%，向下警限值逼近，经济安全得分转而下降，2015

年 CPI 增长率这一指标的安全程度也变为基本安全。物价水平的持续下降有引发通货紧缩的趋势，需要格外注意。从城乡收入比来看，随着城乡收入比连年下降，近七年的安全得分持续上升，安全状况也由基本安全转变为安全。但这并不意味着我们可以减少对城乡收入比问题的关注。我国城乡收入比刚刚进入安全范畴，得分在安全和基本安全之间徘徊，随时有滑入基本安全的风险，仍然要警惕城乡收入比过大带来的不稳定因素。总的来看，我国随着近几年开始转方向调结构，通货膨胀及城乡收入比等影响人民生活水平的因素得到了较好的调控，但同时也导致了经济增长率的下滑，未来在调结构和稳增长之间还要注意风险，做好平衡。

## 8.2.2　经济增长情况 2017 年监测分析

我国 2017 年不变价国内生产总值为 785 770 亿元，同比 2016 年增长 6.9%，相比 2016 年提高了 2 个百分点，中国经济增长在过去 7 年以来首次提速。分季度来看，第一季度同比增长 6.9%，第二季度增长 6.9%，第三季度增长 6.8%，第四季度增长 6.8%。分产业看，第一产业增加值 65 468 亿元，比 2016 年增长 3.9%；第二产业增加值 334 623 亿元，增长 6.1%；第三产业增加值 427 032 亿元，增长 8.0%。总的来看，2017 年国民经济延续了稳中有进、稳中向好的发展态势，整体形势好于预期。根据插值法，可以计算出 2017 年 6.9% 的增速对应的安全得分为 85 分，相比 2016 年有所提高，但仍处于近 7 年以来的较低水平。

2017 年我国国内生产总值同比增长 6.9%，为中国经济增速自 2011 年来首次扭转下行局面，实现企稳回升。此外，2017 年中国经济在保持中高速增长的同时，GDP 总量也迈上了新台阶，突破了 80 万亿。2017 年经济增量超过 80 万亿元，相当于 2016 年排在全球第 14 位国家的经济总量。中国对世界贡献率不断提高，根据测算，中国对世界经济增长的贡献率在 30% 左右。中国国际经济交流中心经济研究部副部长刘向东指出，从经济增速的角度来说，2017 年的经济增速是超预期的，GDP 增速阶段性企稳，但是 L 形的走势没有变化。经济超预期增长主要是因为进出口超预期好转，另外一个则是来自第三产业的强力支撑。2017 年以供给侧结构性改革为主线，推动结构优化、动力转换和质量提升，国民经济稳中向好、好于预期，经济活力、动力和潜力不断释放，稳定性、协调性和可持续性明显增强，实现了平稳健康发展。

## 8.2.3　通货膨胀情况 2017 年监测分析

2017 年全年，CPI 增长率比 2016 年的 2.0% 回落了 0.4 个百分点，为 1.6%，低于十二届全国人大五次会议提出的 3% 的预期目标。其中，食品价格下降 1.4%，是自 2003 年以来首次出现下降，主要受猪肉和鲜菜价格下降较多影响。非食品价格上涨 2.3%，其中，工业消费品价格上涨 1.7%，服务价格上涨 3.0%。从 2017 年全年总的物价走势看，物价水平表现平稳、温和，落在年初政府确定的全年物价调控目标之内。CPI 增长率自 2016 年年末 2% 左右快速下降到 2017 年年初 1% 左右后，从 2017 年第二季度开始截至年末，CPI 增长率连续 9 个月处于"1 时代"，上下波动不到 1 个百分点。虽然在 2017 年尤其是 2017 年上半年农副产品价格出现明显下降，但服务价格的上涨抵消了农副产品的下降，保持了总体 CPI 增长率的平稳。根据插值法，可以计算出 2017 年 CPI 增长率的安全得分为 76 分，相比 2017 年下降 4 分，经济安全类型由安全降为基本安全。

我国 2012—2018 年的 CPI 增长率都低于 3%。但从结构上来看，我国消费结构呈现升级趋势。从 CPI 来看，过去相当长的一段时间，食品价格在 CPI 构成中占据主导地位，成为价格上涨的主要动力，但 2017 年全年的一个明显特点是，非食品价格对 CPI 的影响进一步加大。在统计的七大类价格指数中，医疗保健、居住、教育文化和娱乐等服务价格一直保持逐月上涨态势，其明显上升的一个重要因素是劳动力等要素成本的上升。服务价格的上涨对 CPI 增长率的贡献达到 40% 以上，接近过去食品价格的上涨对 CPI 增长率的影响，并在未来对 CPI 增长率的影响很可能会超过食品。这反映了我国居民消费升级的总体态势，城镇居民食品消费比重逐步下降，居民服务性消费比重明显上升。因此，近期内还不会发生严重的通货紧缩状况。

### 8.2.4　收入分配情况 2017 年监测分析

根据国家统计局公布的《2017 年国民经济和社会发展统计公报》，2017 年全年全国居民人均可支配收入 25 974 元，比 2016 年增长 9.0%，扣除价格因素，实际增长 7.3%。按常住地分，城镇居民人均可支配收入 36 396 元，比 2016 年增长 8.3%，扣除价格因素，实际增长 6.5%。农村居民人均可支配收入 13 432 元，比 2016 年增长 8.6%，扣除价格因素，实际增长 7.3%。城乡收入差距用城镇居民人均可支配收入与农村居民人均可支配收入之比（城乡收入比）表示，2017 年为 2.71，实现了自 2010 年以来连续 8 年的下降。近年来我国城乡收入分配状况正逐步改善，收入分配日趋公平。我国 2017 年城乡收入比安全得分为 87.7 分，安全类型为"安全"。

自 2010 年以来，农村居民人均可支配收入同比增速均高于城镇居民人均可支配收入同比增速，因而近几年来城乡收入差距不断缩小。农村居民收入增长继续快于城镇居民,不仅有利于缩小城乡居民生活的差距,扩大居民消费需求,也将对促进城乡经济的平衡发展起到重要的积极作用。

### 8.2.5 宏观稳定2017年监测结果

基于整个经济安全的框架,综合相关研究报告,对本报告所涉及的指标划分权重,由于经济安全分为经济安全条件和经济安全能力,经济安全能力下的宏观稳定,在我们的整个经济安全框架内的比重为17%,具体而言各个指标的权重如下:GDP增长率的权重为8%,CPI增长率的权重为5%,城乡居民收入比的权重为4%,根据已经确定的各个指标在宏观领域的权重,计算宏观稳定领域的安全得分,具体结果见表8-3。

表8-3　　　　　　　　　2017年宏观稳定指标安全状况

| 指标 | 监测值 | 权重 | 2017年得分 |
| --- | --- | --- | --- |
| GDP增长率 | 6.9% | 8% | 85 |
| CPI增长率 | 1.6% | 5% | 76 |
| 城乡居民收入比 | 2.71 | 4% | 87.7 |
| 宏观稳定领域得分:14.1分 | | | |
| 百分制得分:83分 | | | |

资料来源:笔者整理。

综合宏观稳定领域三个指标监测结果,如表8-3所示,加权平均后2017年中国宏观稳定领域经济安全得分为14.1分,百分制得分为83分,安全类型属于"安全"。宏观稳定领域安全得分自2013年以来出现下降趋势,主要由于经济增速放缓和CPI增长率下降所致,也是经济进入新常态的表现,但收入差距呈现出进一步缩小的良好趋势。我国应该抓住这一时期进行进一步的改革,从而使经济在更合理的结构上发展。

## 8.3 经济安全能力中的宏观稳定领域:2018年预警

上一节对2017年宏观稳定领域的情况进行了监测,本节对2018年宏观经济进行预警。预警的方法有很多种,一是可以进行直接预测,如寻找GDP增长率、CPI增长率、城乡收入差距的关键影响因素,根据历史数据预测未来的数据。二是可以进行间接预测,主要采取专家法进行,即通过搜集整理有代表性的专家或权威机构的预测结果,对这些结果赋予一定的权重进行加权平均,最后得到最终的预测结果。由于本报告选取的衡量宏观稳定领域的三个指标均为大多数知名机构以及学者采用，而这些专家学者的研究时间比较长，经验丰富，数据准确度较高，因此，本报告对宏观稳定领域三大指标的预测主要借鉴其他专家学者的研究，总结主流的研究机构和学者对我国 2018 年的 GDP 增长率、CPI 增长率、城乡收入比的预测，通过加权平均得到预测值。

在具体的操作上，由于"两会"每年都会制定当年 GDP、CPI 增长率的目标，而这一目标又具有很强的政策导向性，是政府宏观调控的重要目标之一，鉴于其对经济强大的影响力，本报告对"两会"2018 年 GDP 增长率、CPI 增长率的目标值赋予 40% 的权重，其他专家及机构平分剩下 60% 的权重。

### 8.3.1 GDP 增长率 2018 年预测

表 8-4 是各家权威机构给出的 2018 年 GDP 增长率的预测值。2018 年 3 月 5 日，"两会"中 2018 年国民经济和社会发展计划草案提出 2018 年国内生产总值增长 6.5% 左右的目标。由于这一数据最具权威性，表 8-4 将其列在第一位，其他机构的预测数据按时间顺序由近及远排序。从表 8-4 中可以看出，最高预测值为 7.0%，最低预测值为 6.4%。对所选取的预测值进行加权平均，得到 2018 年 GDP 增长率最终的预测值为 6.6%，最终安全得分为 81 分，安全类型为安全。

表 8-4  各机构 GDP 增长率预测值

| 发布日期 | 机构及具体内容 | GDP 增长率预测值 |
|---|---|---|
| 2018/3/5 | "两会"发布 2018 预期目标 | 6.5 |
| 2018/4/3 | 中信证券 | 6.8 |
| 2018/4/1 | 北京大学国民经济研究中心 | 7.0 |
| 2018/4/1 | 花旗集团 | 6.7 |
| 2018/3/30 | 中金公司 | 7.0 |
| 2018/3/9 | 德意志银行 | 6.5 |
| 2018/2/7 | 摩根士丹利 | 6.5 |
| 2018/2/2 | IMF 发布世界经济展望 | 6.6 |
| 2018/1/18 | 中国科学院预测科学研究中心发布 2018 年中国经济主要年度预测结果 | 6.7 |
| 2018/1/9 | 世界银行发布最新一期《全球经济展望》 | 6.4 |
| 2017/12/25 | 上海财经大学发布《2017—2018 中国宏观经济形势分析与预测年度报告》 | 6.7 |
| 2017/12/21 | 2018 年《经济蓝皮书》发布暨中国经济形势报告会 | 6.7 |
| 2017/12/15 | 野村证券 2018 新年展望会 | 6.4 |
| 2017/11/30 | 中国银行国际金融研究所发布《2018 年经济金融展望报告》 | 6.7 |
| 2017/11/18 | 国际评级机构穆迪 | 6.4 |

资料来源：笔者整理。

大多数机构对 GDP 增长率的预测及"两会"的目标值都低于 2017 年的实际增长率 6.9%，本报告也认为 2018 年中国经济增长速度将放缓。首先，从供给端来看，我国劳动力供给自 2012 年以来逐年下滑，资本存量增速也随着固定资产投资增速的下降而下滑。由于上述因素在短期内很难得到显著改变，这意味着 2018 年我国 GDP 潜在增长率依然会在适当区间内出现小幅下滑。其次，从需求端来看，美国"缩表加息"配合其"降税减负"的产业政策，可能会进一步促使资本和制造业不断回流，从而使新兴经济体外部融资条件收紧、资金使用成本上升、消费机会成本上升；而随着美国制造业的不断复苏，其对外部的需求将不断减小，并形成新的国际市场供给，进一步加剧国际市场竞争。另外 2018 年 3 月，美国对中国发动贸易战，也将对中国的出口造成影响。但 2018 年也有很多利好中国经济增长的因素。比如新一轮的对外开放（上海自贸区、外商投资新模式、结构性改革等），以及"一带一路"建设的积极推进等，将稳定和激发中国外部需求。此外，中国就业规模持续扩大，调查失业率保持在 2013 年以来的最低位，这对社会稳定、居民收入增长等也将起到关键作用。

### 8.3.2 CPI 增长率 2018 年预测

表 8-5 是权威机构给出的 2018 年 CPI 增长率的预测值。排在第一位的是十三届"两会"提出的 2018 年居民消费价格涨幅 3% 左右的目标。表 8-5 将"两会"的目标列在第一位，其他机构的预测数据按时间顺序排列。从表 8-5 中可以看出，除了"两会"上提出的预期目标外，最高预测值为 2.8%，最低预测值为 1.9%。对所选取的预测值进行加权平均，得到 2018 年 CPI 增长率最终的预测值为 2.6%，最终安全得分为 86 分，安全类型为安全。

表 8-5 各机构 CPI 增长率预测结果

| 发布日期 | 机构及具体内容 | CPI 增长率预测值（%） |
|---|---|---|
| 2018/3/5 | "两会"发布 2018 预期目标 | 3 |
| 2018/4/4 | 光大证券 | 2.6 |
| 2018/4/3 | 中信证券 | 2.5 |
| 2018/4/3 | 海通证券 | 2.3 |
| 2018/4/1 | 北京大学国民经济研究中心 | 2.7 |
| 2018/4/1 | 国泰君安 | 2.8 |
| 2018/4/1 | 中泰证券 | 2.4 |
| 2018/3/30 | 中金公司 | 2.5 |
| 2018/3/29 | 申万宏源 | 2.7 |

续前表

| 发布日期 | 机构及具体内容 | CPI 增长率预测值（%） |
|---|---|---|
| 2018/3/9 | 德意志银行 | 2.7 |
| 2018/1/18 | 中国科学院预测科学研究中心发布 2018 年中国经济主要年度预测结果 | 1.9 |
| 2018/1/4 | 交通银行 | 2.0 |
| 2017/12/25 | 上海财经大学发布《2017—2018 中国宏观经济形势分析与预测年度报告》 | 2.1 |
| 2017/12/20 | 中国社科院 2018 年《经济蓝皮书》 | 2.0 |
| 2017/12/15 | 野村证券 2018 新年展望会 | 2.4 |

资料来源：笔者整理。

2018 年 CPI 在 2017 年低基数的基础上，同比可能有所上升，但在整体需求平稳、货币环境收紧的大背景下，不会出现明显的通胀压力，预计 2018 年 CPI 增长率同比涨幅将重回 2%以上的水平。预计 2018 年 CPI 增长率将保持稳定，物价水平不会成为 2018 年经济运行的主要矛盾。

### 8.3.3 城乡收入比 2018 年预测

与 GDP 增长率、CPI 增长率的预测不同，因为关注"城乡收入比"这一指标的专家学者、机构较少，没有形成系统的预测制度，无法通过对机构的预测值进行加权平均求得城乡收入差距的预测值。因此本章采用一阶差分法进行预测，城乡收入比差分法如下：首先，假设预测指标的增长幅度与过去的增长幅度保持一致，如 2012 年到 2017 年城乡收入差距的增长幅度分别为 −0.01、−0.02、−0.04、−0.01、−0.06、−0.004。其次对增长幅度加总取平均值，得到 −0.023 的变动幅度。最后，按照 −0.023 的变动幅度得到 2018 年的城乡收入比的预警值为 2.65。因此，2018 年城乡收入比最终的预警值 2.65，其对应安全得分为 89 分，判定其安全类型为安全。

2018 年我国将着眼于城乡居民收入增长与经济增长基本同步，进一步开展城乡居民增收和专项激励计划试点，增加基层干部、科教人员、技能人才等群体收入，在提高人民生活水平的同时进一步扩大消费，缩小收入差距。

### 8.3.4 宏观稳定领域 2018 年预警结果

在宏观稳定领域中，2018 年预警值与 2017 年监测值相比，GDP 增长率安全得分出现下降，CPI 增长率安全得分出现上升，城乡收入比安全得分略有上升，总体安全得分为 14.34，略高于 2016 年的 14.12，仍然保持"安全"的状态。2018 年安全得分提高主要依赖于 CPI 增长率的上升及城乡收入差距的改善，温和的通胀水平及更加和谐的城乡一体化进程，对于社会稳定和实现共同富裕具有重要意义。

表 8-6　2017 年监测值和 2018 年预警值对比

| 指标 | 权重 | 2017 安全得分 | 安全类型 | 预警值 | 2018 预警安全得分 | 安全类型 |
|---|---|---|---|---|---|---|
| GDP 增长率 | 6.9% | 85 | 安全 | 6.6% | 81 | 安全 |
| CPI 增长率 | 1.6% | 76 | 基本安全 | 2.6% | 86 | 安全 |
| 城乡收入比 | 2.71 | 87.7 | 安全 | 2.65 | 89 | 安全 |
| 总体安全得分：14.1 | | | | 总体安全得分：14.34 | | |
| 百分制得分：83（安全） | | | | 百分制得分：84（安全） | | |

资料来源：笔者整理。

## 8.4　小结与思考

从总体情况来看，2018 年宏观稳定领域预警状况比 2017 年监测状况得分要高，主要得益于 CPI 增长率的回升以及城乡收入差距的缩小，但 GDP 增长率仍然存在着下降的趋势。当前 GDP 增速放缓的主要原因有两个方面。一是从需求方面来看，之前单纯依靠投资拉动经济增长的发展方式不可持续并造成了产能过剩。从 2012 年开始，全社会固定资产投资完成额呈现出下降趋势，实际同比从 2012 年的 18.99% 一路下降至 2017 年的 1.13%。二是从供给方面来看，我国劳动力从 2003 年开始出现短缺现象，劳动力供给自 2012 年开始出现拐点，近几年劳动力人口每年减少将近 300 万人，而且资本存量增速也随着固定资产投资增速的下降而下滑。中国经济增长的两个传统动力即劳动力和资本对经济增长的贡献率下降，从而造成经济的下滑。

当前经济增速的下降说明中国经济正在进行结构性调整，由高速增长阶段转向高质量发展阶段，当前正处在转变发展方式、优化经济结构、转换增长动力的攻关期。中国经济进入新常态后，党中央针对经济当前阶段存在的主要矛盾和问题，提出了一系列改革举措。2015 年底召开的中央财经领导小组第十一次会议提出了供给侧结构性改革。2017 年是供给侧结构性改革的深化之年，多个指标超预期完成，改革调整的成效明显。在去产能方面，2017 年预期目标为压减钢铁产能 5 000 万吨左右，实际完成 5 000 万吨以上；计划退出煤炭产能 1.5 亿吨以上，实际累计化解 2.5 亿吨；计划淘汰、停建、缓建煤电产能 5 000 万千瓦以上，实际完成 6 500 万千瓦。《2017 年国民经济和社会发展统计公报》显示，2017 年全年全国工业产能利用率为 77.0%，比 2016 年提高 3.7 个百分点。供给侧结构性改革取得相当成效，

2017 年 GDP 增速也出现了首次回升。

随着经济结构调整走向深入，未来经济发展目标的选择显得尤为重要。十九大报告没有提出 GDP 指标，而指出"中国特色社会主义进入新时代，我国社会主要矛盾已经转化为人民日益增长的美好生活需要和不平衡不充分的发展之间的矛盾"，不平衡指的是结构与质量，不充分指的是数量与规模。十九大报告把不平衡放在前面，则说明了调整结构和提高质量的重要性。2018 年中央已经提出推动经济发展质量、效率和动力三大变革的任务，在逻辑上与供给侧结构性改革是一脉相承的。当前我国在经济领域的改革还存在着很大的空间，未来仍需不断深化。

展望 2018 年，供给侧结构性改革的重点主要包含四个方面的内容：调整整体经济结构，全面深化经济体制改革，切实转变经济增长方式，努力充分开放。

首先要调整经济结构，支持新的支柱产业、现代制造业和前导产业的发展。过去我国的两个传统支柱产业为传统制造业及房地产业，前者存在产能过剩的问题，后者存在资产泡沫的风险，已经不再适合作为支柱性产业。而战略性新兴产业、现代服务业以及现代制造业符合产业转型升级的目标，它们的发展前景广阔，适合作为新的支柱型产业。

其次是深化经济体制的全方位改革。比如要减轻企业负担，降低微观主体的税负和非税负担，扎实支持非公有制经济的发展，支持民营企业的大发展。又比如，将金融体制改革的重心转向服务实体经济，货币政策与宏观审慎政策要双支柱调控，严格把控系统性风险底线。此外，继续深化国有企业改革，有所不为有所为，完善产权制度和要素市场化配置机制，激发市场活力。

再次，要促进经济增长方式由要素和规模投入向创新和技术驱动转变。既要加强国家创新体系建设，强化基础研究和应用基础研究，也要落实和完善创新激励政策，通过采取灵活的薪酬制度和奖励措施激励创新。

最后，要推动形成充分开放的大格局。一是要推进"一带一路"国际合作，带动中国制造和中国服务走出去。二是要促进外贸稳定，以更大力度的市场开放促进产业升级和贸易平衡发展。三是促进外商投资稳定增长，建设国际一流营商环境。

当前我国经济进入了平缓阶段，处于转方向和调结构的重要时期，短期的经济下滑是必然的。我国应该抓住这一时期，通过不断深化供给侧结构性改革，推进供需结构的平衡、促进产业及企业的转型和升级、增强科技进步对经济增长的贡献份额，形成更有质量的增长动力源泉，推动经济持续健康发展。

【执笔人：邓惠琳】

# 第9章 中国经济安全的总体分析和对策思考

**摘要：** 本章首先对财政金融、实体产业、战略资源、宏观稳定四大领域的安全状况做总结归纳，分析各领域中存在的问题并简要对各个问题提出解决建议。本章先从各个领域对每个指标进行 2017 年的监测，并与历史值做比较。然后对每个指标进行 2018 年的预警，并且针对每个指标的变化，分析各指标变化的原因。本章得出 2017 年我国经济安全总得分为 72.98 分，属于基本安全，与 2016 年相比有所上升。2018 年预警的国家经济安全总得分为 72.92 分，继续处于基本安全区间，得分与 2017 年相比很接近。最后从已有成果出发，分析了我国目前在经济安全领域存在的突出问题，并有针对性地提出政策建议。

财政金融领域，经济安全条件方面，我国外债负债率安全 2017 年监测得分 91 分，2018 年预警得分为 93 分；短期外债占外债的比重 2017 年监测得分 78 分，2018 年预警得分为 75 分。经济安全能力方面，我国不良贷款率安全 2017 年监测得分 82.5 分，2018 年预警得分 82.6 分；资本充足率安全 2017 年监测得分 76.5 分，2018 年预警得分 72.0；国债负担率 2017 年监测得分 66.03 分，2018 年预警得分为 67.5 分。实体产业领域，经济安全条件方面，七大关键产业外资加权市场占有率安全 2017 年监测得分 60 分，2018 年预警得分 63.48；品牌外产比 2017 年监测得分 65.6 分，2018 年预警得分 63.84；贸易依存度安全 2017 年监测得分 93 分，2018 年预警得分 89.4；出口集中度安全 2017 年监测得分 68 分，2018 年预警得分 68.47。经济安全能力方面，中国 500 强企业研发投入比 2017 年监测得分 58 分，2018 预警得分 56 分；制造业国际竞争力指数 2017 年监测得分 64 分，2018 年预警得分 67 分；中国 PCT 专利申请量全球占比安全 2017 年监测得分 80 分，2018 年预警得分

85 分。战略资源领域，经济安全条件方面，粮食对外依存度安全 2017 年监测得分 69.6 分，2018 年预警得分 68.8；石油对外依存度安全 2017 年监测得分 25.8 分，2018 年预警得分 22.12 分。经济安全能力方面，石油战略储备满足消费的天数安全 2017 年监测得分为 90 分，2018 年预警得分 90 分；人均粮食产量安全 2017 年监测得分 89 分，2018 年预警得分 91 分。宏观稳定领域，我国 CPI 增长率安全 2017 年监测得分为 76 分，2018 年预警得分 86 分；城乡收入比安全 2017 年监测得分 87.7 分，2018 年预警得分 89 分；GDP 增长率安全 2017 年监测得分 85 分，2018 年预警得分 81 分。本章还基于以上得分情况具体分析了各领域变化的原因以及预测的理由，并且针对特定领域的安全得分对该领域提出了具体的对策建议。

## 9.1　中国总体经济安全分析：2017 年监测

本章将延续报告的整体分析框架，划分四大领域及各自能力与条件，评估各领域的内在抗风险能力与外在风险条件，并对此作出分析和提出建议。为直观起见，我们对不同的得分区间划定了安全类型，如表 9-1 所示。下文将分别从财政金融、实体产业、战略资源、宏观稳定及国别影响等方面从安全能力和安全条件角度对前文作出总结。

表 9-1　　　　　　　　　　安全得分区间与安全类型

| 安全得分区间 | 安全类型 |
| --- | --- |
| ［0，20） | 极不安全 |
| ［20，40） | 不安全 |
| ［40，60） | 轻度不安全 |
| ［60，80） | 基本安全 |
| ［80，100） | 安全 |

### 9.1.1　财政金融安全总结：2017 年监测

财政金融领域经济条件的统计数据口径与往年相比有所变化，2017 年的报告采用"全口径外债"进行计算，即外债包含外币和人民币债务。运用全口径推算方法对 2012 年和 2013 年的外债余额进行推算，从而得出 2012—2017 年的全口径外债。

财政金融安全条件方面，评价指标主要是外债负债率和短期外债占外债的比重。在全口径外债下，运用插值法计算了我国 2013—2017 年外债负债率分别为 15.3%、16.9%、12.7%、12.5% 和 14.2%，2013—2017 年外债负债率安全得分分别为 85、77、99、100 和 91，基本安全类型分别处于安全、基本安全、安全、安全和安全状态。从期限结构看，在全口径外债下，我国 2013—2017 年短期外债占外债的比重分别为 78%、76%、65%、61% 和 64%，2013—2017 年短期外债占外债比重的安全得分分别为 62、66、78、81 和 78，安全状态除 2016 年处在安全状态之外，其余年份都处于基本安全状态。

与往年系列报告的统计方法进行对比发现，除 2014 年外，其余年份由全口径外债计算得到的外债负债率安全得分都高于仅由外币外债计算得到的安全得分，说明人民币外债在多数年份对我国财政金融领域的安全条件有促进作用。

从监测结果看，2017 年我国外债负债率有所上升，安全得分略有下降，主要原因是宏观经济的平稳运行，对外贸易回升以及宏观审慎管理政策的红利释放。主要表现在债务证券和贸易信贷与预付款的增长。2017 年我国短期外债占外债的比重从 2016 年的 61% 上升至 64%，安全得分有所下降，主要是因为全球经济的逐渐复苏带动了国际贸易的恢复。在短期外债余额中，与贸易有关的信贷占 37%。短期外债增长的原因，除了贸易流动和银行资本流动之外，还有保值性资本流动和投机性资本流动。

财政金融安全能力方面，国债负担率、商业银行不良贷款率、商业银行资本充足率分别占比 16.13%、1.74% 和 13.65%，通过计算，国债负担率指标 2017 年得分为 66.03，2016 年得分为 65.23，均处于基本安全范围且有所提高；商业银行不良贷款率得分 2017 年为 82.5，与 2016 年得分相近，都在安全范围内。最后分析商业银行资本充足率，该指标由 2016 年的 72.8 分升至 2017 年的 76.5 分。财政金融安全能力 2017 年监测总得分为 77.65，属基本安全。

从监测结果看，我国国债的债券品种比较单一且规模较小，容易导致我国财政政策不能充分发挥相机微调作用；国债市场缺乏完善的与国债相关的法律文件；国债市场由多部门共同管理，会出现由于分工不明确而导致的监管过程的重复和空缺，并且背离了由财政部和中央银行管理的主流。截至 2017 年年末，我国商业银行不良贷款率为 1.74%，比 2016 年增长 0.04%，不良贷款主要受宏观经济、银行本身和借款人三方面的影响，经济衰退时，借款人收入面临风险，不能按时还款的可能性提高，造成不良贷款挤压；银行为追求绩效可能会放松对质量的把控，在贷款发放后疏于管理，监管不力，导致不良贷款形成。

## 9.1.2　实体产业安全总结：2017 年监测

实体产业领域的经济安全条件评估包括外贸方面的贸易依存度和出口集中度，

外资方面的七大关键产业外资加权市场占有率和品牌外产比。2017年我国对外贸易仍保持较高的顺差，进出口总额有所上升。2017年我国货物进出口总额为27.8万亿人民币，贸易依存度为33.6%，比2016年提高了0.9个百分点。运用插值法计算得出2017年我国贸易依存度的安全得分为93，比2016年降低了1分。美、日、韩、德仍然是我国最大的四个贸易伙伴，2017年我国的出口集中度为32.7%，较2016年提高了0.6个百分比，安全得分为68，与2016年得分相近。2017年我国新设外商投资企业数量有了较大增长，实际利用外商直接投资比2016年增长4%，主要集中在信息传输、计算机服务和软件业。根据2007—2016年七大关键产业外资加权市场占有率的年增长率可预测2017年外资加权市场占有率为30.3%，略高于30%的警戒线。运用插值法计算2017年七大关键产业外资加权市场占有率安全得分为60，处于基本安全范围。运用固定增长率对2017年品牌外产比进行预测得6.2%，运用插值法得2017年品牌外产比安全得分为65.60，属于基本安全状态。

从监测结果来看，2017年经济安全条件中我国实体产业领域安全得分为75.9，处于基本安全的范围。对外贸易方面，我国贸易依存度处于比较安全的状态，并且出口集中度下降，说明我国贸易正随着世界经济缓慢复苏而逐渐向好，出口朝着多元化方向发展。外资控制方面，七大关键产业外资加权市场占有率近年来逐渐趋向基本安全范围，外资主要集中在交通运输设备、计算机通信等关键领域；品牌外产比逐渐下降，一方面说明本土企业的生产能力和市场容量不断扩大，另一方面说明外资品牌对工业领域的冲击逐渐减弱。但需要警惕的是，外资通过对关键性产业的控制，可能实现对我国实体产业的间接控制，因此仍然需要关注外资对我国实体产业特别是关键性产业的影响。外商直接投资的数量过多或者过少都不好，特别是在中国的关键领域和关键产业，一方面要严格监控外资的数量和占比，另一方面要充分利用有限的外资，加强创新，注重对本国研发能力、人力资本水平、对外开放、产业结构的提升，提高外资的利用效率，搞活中国经济发展。

实体产业领域的经济安全能力评估包括中国500强企业研发投入比、中国PCT专利申请量全球占比和制造业国际竞争力指数。近五年来，中国500强企业营业收入年均增长6.3%，研发投入年均增长7.6%，高于营业收入年均增速，说明企业研发投入逐渐增多。随着企业研发投入增速显著加快，研发投入与营业收入增速之差明显缩小。2017年中国500强企业研发投入比为1.45%，略低于下警限1.5%，对应得分为58，与2016年的1.48%相比略微下降，仍处于轻度不安全区间。2017年中国PCT专利申请量全球占比为20.1%，高于下警限15%，对应的安全得分为

80，处于基本安全和安全两个区间的临界位置。结合 2017 年全球和我国制造业贸易情况，根据移动平均法，预计 2017 年我国制造业国际竞争力指数为 102.8，对应安全得分为 64，处于基本安全区间。

从监测结果看，中国 500 强企业研发投入比的安全得分低于 60，研发投入强度依然较低，这主要与中国 500 强企业的产业结构有关，服务业企业占比逐渐增加，制造业企业占比逐渐下降。从企业涉及领域看，在高端环节和关键领域中国企业的研发能力远不及国外的大型跨国巨头，因而中国企业今后应更加注重投入研发，提升自身的核心技术水平。中国 PCT 申请量全球占比得分达 80，中国超越日本成为全球第二大 PCT 专利申请国。与美、日相比，中国的专利申请方向比较单一，主要集中在音像技术、电信和数字通信领域；在基础材料、基础科学、生物技术和环境工程等领域比较欠缺。我国制造业国际竞争力安全得分处于基本安全区间，长期以来中国的制造业都以低工资、低附加值为主，但由于资源、劳动力、环境等要素的优势不再，新兴制造国家以更低的成本承接了低附加值的生产，导致国内低端制造业正面临着严峻的考验，中国制造业要调整产业结构，推进产业升级，发展具有高附加值的高端制造业，从而提升制造业的国际竞争力。

### 9.1.3　战略资源安全总结：2017 年监测

战略资源领域的经济安全条件评估包括粮食（谷粮）对外依存度和石油对外依存度两方面。对于粮食对外依存度，本报告使用分子、分母分别监测法，求得 2017 年我国粮食对外依存度为 3.8%，粮食对外依存度比较稳定，安全得分也和 2016 年一样为 69.6 分，处于基本安全状态。从 2016 年以后，我国粮食对外依存度逐渐下降，主要原因是我国开始了新一轮的农业结构调整，中央加大财政支农投入，深入推进农业供给侧结构性改革，粮食去库存初见成效。但是，从我国粮食进口的具体种类来看，我国大豆进口占粮食进口的比重较大，近年来还有不断增长的趋势，主要是由于我国农业生产率相对较低，粮食价格高于国际市场价格；种植结构不均衡，大豆种植面积缩减，且产量较低。对于石油对外依存度，2017 年我国石油对外依存度为 67.40%，较 2016 年 64.93% 上升了约 3 个百分点，安全得分下降为 25.8 分，处于不安全状态。

从监测结果看，我国粮食对外依存度基本稳定，处于基本安全的范围，但是粮食安全仍然不容忽视。粮食多一点少一点是技术问题，粮食安全是战略问题，不能因为技术问题影响战略问题。作为负责任的人口大国，依靠进口保吃饭，既不现实也不可能。确保基本的粮食自给是保证国家粮食安全的基本前提之一。在经济全球化的今天，国家间的利益关系变化万千，如果粮食对外依存度较高，那么粮食安全就很容易受到国际利益冲突的影响。我国石油对外依存度持续上升，主要是因为国内原油产量下降，炼油能力增长较快以及市场需求的不断扩大。近年来，我国油气对外依存度屡创新高：2017年石油消费量接近5.9亿吨，增速为2011年以来最高；国内产量则降至1.92亿吨，连续第二年低于2亿吨；全年石油净进口量达到3.96亿吨，同比增长10.8%。较大的石油对外依存度可能会使我国的能源安全面临较大挑战。

战略资源领域的经济安全能力的评估指标包括战略石油储备满足消费的天数和人均粮食产量。2017年我国石油消费量为58 827万吨，战略石油储备满足消费的天数约为27天，运用插值法计算得出该指标的安全得分为90，处于安全状态。近年来我国原油储备逐渐增加，一方面是因为国家新的储备基地建成后库容增加，另一方面是因为已建成国家储备基地库容进一步利用以及社会企业库容的增加。对于人均粮食产量，运用分子、分母分别监测法进行监测，2017年我国人均粮食产量为445公斤，安全得分为89，处于安全状态。2017年我国粮食总产量进一步上升并且粮食单位面积产量大大上升，但是我国总体的粮食播种面积持续下降。

从监测结果看，我国战略石油储备满足消费的天数和人均粮食产量的安全得分都比较高，说明我国战略资源领域有着较强的抵御外来冲击的能力。从石油安全能力看，国家内部要合理控制能源消耗总量，加大淘汰高能耗、高污染企业力度，转变经济发展方式，调整产业结构，提高能源利用效率，还要积极开发拓展新能源，改变对单一能源进口的需要，发展可替代能源，保障国家能源安全。从粮食安全能力看，要从国家内部提高粮食安全，最重要的就是要保证粮食的综合生产能力，基本原则就是"藏粮于地、藏粮于技"。怎么提高？一是高标准农田建设，包括整地、灌溉系统、机耕道、培肥地力等；划定粮食生产功能区；对产粮大县进行政策支持、对种粮大户进行奖励等。二是从品种培育到栽培管理、病虫害防控、产后加工、仓储物流等各个产业链，不断提高科技对农业的支撑作用。

### 9.1.4　宏观稳定安全总结：2017年监测

宏观稳定领域的经济安全能力评估指标有GDP增长率、CPI增长率和城乡收入比三个指标。与2016年相比，对这三个指标的安全得分计算方式一样，都采用专家打分法；与2016年不同的是三个指标的最优值、上限值和下限值有所变化。2017年GDP增长率最优值为7%~8%，上限值为13%，下限值为5%；CPI增长率最优值为 4%，下限值为 0%，上限值为 7%；城乡收入比最优值为 2.25，上限值为 3.75，下限值为 1。2017 年 GDP 增长率为 6.9%，与 2016 年相比上升了 0.2 个百分点，安全得分为 85，处于安全状态。2017 年 CPI 增长率为 1.6%，与 2016 年相比下降了 0.4 个百分点，安全得分为 76，处于基本安全的状态。城乡收入比为 2.71，比 2016 年的 2.72 下降了 0.01，安全得分为 87.7，处于安全状态。

从监测结果来看，从 2015 年起 GDP 增长率连续两年得分下降，2017 年有些许回升，但仍处于近 7 年来的较低水平。主要原因是经济进入新常态，增长速度逐渐放缓。2017 年经济超预期增长主要是因为进出口逐渐好转，第三产业的强力支持。2014 年起，我国 CPI 增长率连年下降，并且突破 2%，向下警限逼近，经济安全得分有所下降，安全状态也从安全变成基本安全，2017 年非食品价格变化对 CPI 增长率的影响进一步加大，医疗保健、居住、教育文化、娱乐等服务价格逐渐上涨。城乡收入比逐渐下降，导致安全得分连年上升，经济安全状态也从基本安全逐渐转变为安全，但从得分的绝对值来看，城乡收入比只是刚好进入安全范围，因此仍需要关注各种导致城乡居民收入差距扩大的不稳定因素。

综合宏观稳定领域的三个指标监测结果，最终得出国家宏观稳定领域得分为 83，处于安全范围。

## 9.2 中国总体经济安全分析：2018 年预警

### 9.2.1 财政金融安全总结：2018 年预警

本报告对 2018 年外债负债率的预测依然沿用上一年的移动平均法，对 2018 年短期外债在外债中的比重的预测与上一年所用的线性回归预测法相比有所变化，由于短期外债占外债的比重总体上呈非线性趋势，因而 2018 年采用非线性回归预测法对其进行预测。

在财政金融安全条件上，运用移动平均法基于 2013—2017 年外债负债率预测 2018 年我国的外债负债率为 13.8%，安全得分为 93，处于安全区间。与 2017 年相比，2018 年我国外债负债率与 2017 年持平。运用非线性回归预测 2018 年我国短期外债占外债比例为 67%，安全得分为 75，处于基本安全区间。与 2017 年的 64% 相比，2018 年短期外债占外债比例有所上升，安全得分略微下降。对于外债规模扩大以及短期外债占比上升的可能性依据，主要原因有三：一是世界经济逐步回升，国际金融环境比较宽松；二是我国趋严的货币和金融政策与国外宽松的货币政策导致中外利差扩大，从而引发外债规模扩大；三是更加开放的国内金融市场促进了国外资金的流入。但也存在减少我国外债的因素，如中美"贸易战"可能会影响中美贸易规模，从而影响信贷规模。总体上，从 2018 年财政金融的经济安全条件来看，外债负债率变化和短期外债占总外债比重的变化与我国经济增长情况相适应，都处于安全可控的范围，但仍需警惕资本外逃引发的外汇储备减少、人民币贬值、企业债务负担加重等问题。

在财政金融安全能力上，本报告使用一元线性回归法预测 2018 年国债余额，最终预计国债负担率约为 16.4％，与 2017 年的 16.13％相比有所上升，安全得分为 67.5，属于基本安全区间。采用移动平均法预测 2018 年全年不良贷款率约为 1.74％，得分为 82.6，处于安全状态，与 2017 年接近；采取一阶差分法得到 2018 年资本充足率为 13.2％，与 2017 年相比略微下降，得分为 72.0，处于基本安全区间。由以上数据预测 2018 年财政金融安全能力得分为 77.68，基本安全，各项得分与 2017 年实际监测结果基本持平或略有下降。

### 9.2.2　实体产业安全总结：2018 年预警

在实体产业安全条件上，运用多元线性回归分析对 2018 年我国外贸依存度进行预测，根据国际货币基金组织、经济合作与发展组织、世界银行三大机构对全球和中国 GDP 增速的预测，最终得出 2018 年我国的外贸依存度为 35.3％，比 2017 年上升 1.5 个百分比，对应的安全得分为 89.4，处于安全范围。主要是由于权威机构对未来一年全球 GDP 增长预测比较乐观，从而导致贸易总额增速上升。通过对我国前四大贸易伙伴各指标的预测，运用多元线性回归预测我国 2018 年出口集中度为 31.53％，对应的安全得分为 68.47。运用固定增长率对七大关键产业外资加权市场占有率和品牌外产比进行预测，计算出七大关键产业外资加权市场占有率平均增速为－3.84％，品牌外产比的平均增速为－5.7％，从而预测 2018 年七大关键产业外资加权市场占有率为 29.13％，比 2017 年相比下降了 1 个百分点，安全得分上升为 63.48；品牌外产比为 5.48％，与 2017 年相比有所下降，逼近下警限 5％，安全得分为 63.84。七大关键产业外资加权市场占有率和品牌外产比有所下降，原因之一就是我国制造业成本优势不再，通过人口红利吸引的外资大大减少。因此今后应该逐渐转变外资的投资方向，优化外资利用结构，提高外资利用效率。

与 2016 年相比，2018 年对实体产业经济安全能力预警的方法有所变化。2016 年运用移动平均法对研发投入指数、中国 PCT 专利申请量全球占比和制造业国际竞争力进行预测；2018 年采用灰色模型来预测 500 强企业研发投入比和制造业国际竞争力指数，用生长曲线模型来预测中国 PCT 申请量和全球 PCT 申请量，再将各指标预测值转化为安全得分，得到 2018 年的预警结果。

在实体产业安全能力上，运用灰色时间序列预测法基于过去十年的数据进行短期预测，预计 2018 年中国 500 强企业研发投入比为 1.41%，低于下警限 1.5%，对应的安全得分为 56，仍处于轻度不安全区间。与 2016 年的 1.48% 和 2017 年的 1.45% 相比有所下降。可以把这种下降解释为行业结构变动导致的短期波动。从长期来看，随着产业转型升级，中国 500 强企业研发投入比将会趋于稳定增加。运用生长曲线模型预测中国和全球 PCT 专利申请量，预计 2018 年我国的 PCT 申请量全球占比约为 21.3%，对应安全得分 85 分，处于安全区间，比 2017 年高 1.2 个百分比。需要注意的是，虽然中国 PCT 申请量全球占比逐渐上升，但我们需要关注的是这些科研专利的转化能力，只有当专利在实际生产过程中得以推广和运用，才能真正转化为生产力。2018 年我国制造业国际竞争力指数的预测值为 102.93，对应的安全得分为 67，仍处于基本安全区间，预测值比 2017 年提高了 0.1。目前中国传统制造业优势日渐式微，要继续提升中国制造业的国际竞争力，关键是要向高技术制造转型。中国有很多企业都致力于进入这些高端制造领域，随着制造业的转型和升级，中国将会从制造大国变成真正的制造强国。

### 9.2.3　战略资源安全总结：2018 年预警

在战略资源安全条件方面，运用分子、分母分别预测方法预测 2018 年粮食对外依存度，粮食对外依存度＝谷粮净进口量/谷粮需求得量，因此本报告将分别预测谷粮净进口量和谷粮需求量，从而预测 2018 年我国粮食对外依存度为 3.9%，得出 2018 年我国粮食对外依存度安全得分为 68.8，处于安全状态。运用专家预测法和线性趋势外推法预测 2018 年石油对外依存度，预测 2018 年我国石油对外依存度为 69.6%，运用插值法得出我国石油对外依存度安全得分为 22.12，处于不安全状态。

从预警结果来看，我国 2018 年粮食对外依存度与 2017 年相比预计有所下降，安全得分进一步提高，说明我国的粮食安全进一步得到保证；我国 2018 年石油对外依存度继续上升，安全得分进一步下降，说明我国的能源安全问题进一步严峻。我国粮食对外依存度自 2015 年逐年下降，但石油对外依存度却非常高，并且超过国际警戒线，这对我国经济安全影响较大。石油进口依存方面，首先中国要拓宽石油进口渠道，实现进口多元化，规避地缘政治带来的不利影响；其次中国应加强国际对话，积极创造条件加入国际能源机构，扩大中国影响力；最后最重要的是国家内部要合理控制能源消耗总量，加大淘汰高能耗、高污染企业力度，转变经济发展方式，调整产业结构，提高能源利用效率，还要积极开发拓展新能源，改变对单一能源进口的需要，发展可替代能源，从而从整体上降低能源的对外依存度，保障国家能源安全。

在战略资源安全能力方面，预计 2018 年我国战略石油储备量持续增长到 4 563 万吨。2018 年我国战略石油储备预计可以满足消费 27 天，与 2017 年可满足的天数相比保持稳定，运用插值法计算得出该指标的安全得分为 90，该指标处于安全状态。以近五年粮食产量为基础运用固定增长率预测我国 2018 年粮食总产量为 6.17 亿吨，人均粮食产量为 441 公斤，与 2017 年人均产量相比略有下降，安全得分为 91，处于安全区间。

从预警结果来看，2018 年我国战略资源安全能力方面的指标都处于安全状态。随着我国战略石油储备基地的建设，石油储备逐渐充足，但石油储备仍受国内产量、进口波动以及国际油价等的影响，这就要求我国继续加快石油战略储备建设，加强我国在国家原油市场上的主动权和主导权。2018 年我国粮食生产既有有利因素的支持，同时又面临着一些不利因素的严峻考验。有利因素主要为：中央和各省市继续重视和加强对农业和粮食生产的支持力度；粮食价格稳定运行，玉米价格企稳回升；种植结构持续优化；小麦、稻谷将继续实行最低收购价政策。这些有利因素将对粮农的种粮积极性有所刺激。不利因素主要为：稻谷和小麦先后调减最低收购价；农民收益持续较低，未见明显改善；持续降雨导致冬小麦播种面积略减；廉价进口粮冲击导致"卖粮难"问题持续等。

### 9.2.4 宏观稳定安全总结：2018 年预警

与上年度报告不同的是，2018 年预警计算方式对"两会"设定的目标值赋予了 40% 的权重，体现了指标具有较强的政策导向性；其他专家及机构平分剩下的 60% 权重。

在宏观稳定领域的经济安全能力上，预测 2018 年我国 GDP 增长率约为 6.6%，与 2017 年相比下降了 0.3 个百分点，最终安全得分为 81，处于安全状态。2018 年我国 CPI 增长率约为 2.6%，与 2017 年相比上升了 1 个百分点，最终安全得分为 86，处于安全状态。运用一阶差分对城乡收入比进行预测，预测结果为 2018 年我国城乡收入比为 2.65，与 2017 年的 2.71 相比有所下降，对应的安全得分为 89，处于安全状态。

从预警结果来看，2018 年我国 GDP 增长率出现下降趋势。从供给端看，我国劳动力供给逐年下滑，资本存量增速也随固定资产投资的增速的下降而下降；从需求端看，众多发达国家纷纷实行重振制造业政策，导致资本和制造业不断回流。2018 年 CPI 在 2017 年低基数的基础上可能上升，但不会出现明显的通胀压力。国家致力于城乡居民收入增长与经济增长同步发展，可以预见在人民生活水平进一步提高的同时，城乡收入差距也会逐渐缩小。

## 9.3　小结与思考

根据报告各部分的监测结果，汇总成表 9-2、表 9-3、表 9-4、表 9-5、表 9-6 如下：

**表 9-2　　　　　　　　中国经济安全条件总体状况监测**

| 关键领域 | | 权重 | 指标 | 权重 | 2017 得分 |
|---|---|---|---|---|---|
| 经济安全条件 | 财政金融 | 0.3 | 外债负债率 | 0.18 | 91 |
| | | | 短期外债占外债的比重 | 0.12 | 78 |
| | 实体产业 | 0.5 | 七大关键产业外资加权市场占有率 | 0.1 | 60 |
| | | | 品牌外产比 | 0.1 | 65.6 |
| | | | 外贸依存度 | 0.2 | 93 |
| | | | 出口集中度 | 0.1 | 68 |
| | 战略资源 | 0.2 | 粮食对外依存度 | 0.06 | 69.6 |
| | | | 石油对外依存度 | 0.14 | 25.8 |
| 经济安全条件得分 | | | | | 71.5 |

资料来源：笔者计算所得。

**表 9-3　　　　　　　　中国经济安全能力总体状况监测**

| 关键领域 | | 权重 | 指标 | 权重 | 2017 得分 |
|---|---|---|---|---|---|
| 经济安全能力 | 财政金融 | 0.25 | 商业银行不良贷款率 | 0.11 | 82.5 |
| | | | 商业银行资本充足率 | 0.07 | 76.5 |
| | | | 国债负担率 | 0.07 | 66.03 |
| | 实体产业 | 0.43 | 中国 500 强企业研发投入比 | 0.20 | 58 |
| | | | 制造业国际竞争力指数 | 0.13 | 64 |
| | | | 中国 PCT 专利申请量全球占比 | 0.10 | 80 |
| | 战略资源 | 0.15 | 战略石油储备满足消费的天数 | 0.10 | 90 |
| | | | 人均粮食产量 | 0.07 | 89 |
| | 宏观稳定 | 0.17 | CPI 增长率 | 0.05 | 76 |
| | | | 城乡收入比 | 0.04 | 87.7 |
| | | | GDP 增长率 | 0.08 | 85 |
| 经济安全能力综合得分 | | | | | 74.5 |

资料来源：笔者计算所得。

表 9－4  2018 年中国经济安全条件总体状况预警

| 关键领域 | | 权重 | 指标 | 权重 | 2018 预警得分 |
|---|---|---|---|---|---|
| 经济安全条件 | 财政金融 | 0.3 | 外债负债率 | 0.18 | 93 |
| | | | 短期外债占外债的比重 | 0.12 | 75 |
| | 实体产业 | 0.5 | 七大关键产业外资加权市场占有率 | 0.1 | 63.48 |
| | | | 品牌外产比 | 0.1 | 66.8 |
| | | | 外贸依存度 | 0.2 | 89.4 |
| | | | 出口集中度 | 0.1 | 68.47 |
| | 战略资源 | 0.2 | 粮食对外依存度 | 0.06 | 68.8 |
| | | | 石油对外依存度 | 0.14 | 22.12 |
| 经济安全条件得分 | | | | | 70.7 |

资料来源：笔者计算所得。

表 9－5  2018 年中国经济安全能力总体状况预警

| 关键领域 | | 权重 | 指标 | 权重 | 2018 预警得分 |
|---|---|---|---|---|---|
| 经济安全能力 | 财政金融 | 0.25 | 商业银行不良贷款率 | 0.11 | 82.6 |
| | | | 商业银行资本充足率 | 0.07 | 72.0 |
| | | | 国债负担率 | 0.07 | 67.5 |
| | 实体产业 | 0.43 | 中国 500 强企业研发投入比 | 0.20 | 56 |
| | | | 制造业国际竞争力指数 | 0.13 | 67 |
| | | | 中国 PCT 专利申请量全球占比 | 0.10 | 85 |
| | 战略资源 | 0.15 | 战略石油储备满足消费的天数 | 0.10 | 90 |
| | | | 人均粮食产量 | 0.05 | 91 |
| | 宏观稳定 | 0.17 | CPI 增长率 | 0.05 | 86 |
| | | | 城乡收入比 | 0.04 | 89 |
| | | | GDP 增长率 | 0.08 | 81 |
| 经济安全能力综合得分 | | | | | 75.2 |

资料来源：笔者计算所得。

表 9－6  中国经济安全整体状况监测和预警

| | 2017 年监测 | 2018 年预警 |
|---|---|---|
| 经济安全条件得分 | 71.5 | 70.7 |
| 经济安全能力得分 | 74.5 | 75.2 |
| 中国经济安全总得分 | 72.98 | 72.92 |

资料来源：笔者计算所得。

经济安全是国家安全的重要组成部分，本报告将国家经济安全拆分为经济安全条件和经济安全能力两个系统，从国外和国内分别评价了目前我国经济的整体安全程度，从报告中我们可以看到中国在某些领域的确取得了长足的进步，已经充分具备能力应对外来冲击，但同时在某些领域仍然面临比较严峻的挑战。对此，我们提出以下建议：

财政金融领域方面，受国际金融大环境的影响，欧美等发达国家和地区的经济和货币政策分化，导致美元继续坚挺，利率关系紊乱，这给中国带来了巨大的外债风险。中国近年来也致力于逐渐开放金融市场，但开放金融市场还需循序渐进，在开放的同时还需构建宏观审慎管理框架，以银行等信贷类金融机构为重点，以实施资产负债管理为中心，通过对外汇头寸加以限制，对外币负债和对外或有负债收取准备金等审慎性的手段，防止银行外汇资产和负债规模过度扩张及期限结构错配，减缓外债资金和负债规模过度扩张及期限结构错配，减缓外债资金波动对外汇市场和货币环境造成的负面影响。中国目前国债负担率安全级别相对较低，其主要原因是国债规模小，未能充分发挥其作用，因而要进一步完善和拓展国债发行市场，灵活国债利率调整，丰富国债种类，保障国债在二级市场的顺利流通。近年中国的商业银行不良贷款率变化比较稳定，但仍然不能放松警惕，要继续加强商业银行内部的风险控制能力，提高对贷款人偿还能力的分析水平，建立科学的商业银行风险监控机制。商业银行资本充足率的绝对水平较低，增长幅度小，因而要坚守资本充足率监管红线，监督商业银行保有充足的资本金，减少银行面临的风险，提升银行的风险应对能力。

实体产业领域方面，中国 500 强企业研发投入比和制造业国际竞争力水平仍然比较低，实体产业自主创新能力较低。长期以来，中国凭借低廉的制造成本迅速占领国际市场，由于绕过了制造业的基础研发环节，制造业技术研发能力比较滞后，特别是在高端制造领域始终没有核心竞争力，这也是经济增长后期乏力的重要原因之一。鉴于历史教训，当前中国应该致力于加大科研投入，加强自主创新能力，国家要重视对实体产业的投资和扶持，激励实体创新，特别要重视高精尖等高附加值的产业发展，制造业本身急需打造自己的品牌，研发专利技术，掌握核心技术，稳步实现制造业的转型和升级。制造业国际竞争力方面，中国当前正面临新一轮的技术革命，急需加快生产方式转变以重塑制造业的国际竞争力，这也需要通过运用先进科学技术和专业高效的管理能力来增强中国制造业的国际竞争力。国家应该有所倾向地培养一批具有强大国际竞争力的企业，鼓励其走出去。

战略资源领域方面，粮食安全关系到国计民生和社会稳定，因此保证粮食安全至关重要。因此必须加大农业科研力度，充分利用有限的土地和资源，用科技手段保证粮食自给率，同时改善生态环境，保护珍贵的耕地资源和水资源，大力整治土地荒漠化。加快建立健全粮食安全预警体系，随时关注国际国内两个市场，将可能的粮食安全风险消灭在萌芽阶段。石油安全在目前来看更是形势严峻，我国当前正处于发展的关键时期，对能源的需求也逐渐上升，过度依赖进口能源可能会使得本国经济增长受到国际关系危机以及国际能源危机的严重影响，因此需要保有充足的能源储备。而走出能源困境最重要的还是需要在"开源"和"节流"两方面努力。从"开源"方面需要加大对新能源的研发，力争用太阳能、风能、水能代替化石燃料，提高清洁能源的占比。从"节流"方面需要从上到下树立节能减排意识，杜绝能源浪费。

**【执笔人：尤晶】**

# 参考文献

1. Dan Gao, Zheng Li, Pei Liu, et al. A coordinated energy security model taking strategic petroleum reserve and alternative fuels into consideration [J]. Energy, 2018 (145): 171-181.

2. Kazantsev S V. Economic security and assessment of economic protect ability of regions regional [J]. Research of Russia, 2012, 1 (2): 34-40.

3. Kirshner J. Sovereign. Wealth funds and national security: The dog that will refuse to bark [J]. Geopolitics, 2009, 14 (2): 305-316.

4. Kisel E, Hamburg A, Härm M, et al. Concept for energy security matrix [J]. Energy Policy, 2016 (95): 1-9.

5. Rakisits C G P. Pakistan's twin interrelated challenges: economic development and security [J]. Australian Journal of International Affairs, 2012, 66 (2): 139-154.

6. V Medvedev. Problems of Russia's economic security [J]. Russian Social Science Review, 1998, 39 (6): 4-24.

7. Wadhwani R D. Protecting small savers: The political economy of economic security [J]. Journal of Policy History, 2006, 18 (1): 126-145.

8. 白梦娇，贾利军. 跨国垄断下我国粮食安全的威胁与保障 [J]. 农业经济, 2017 (3): 120-122.

9. 白俊红，吕晓红. FDI 质量与中国经济发展方式转变 [J]. 金融研究, 2017 (6), 47-61.

10. 白石. 国家经济安全问题讨论综述 [J]. 经济理论与经济管理, 2002 (11):

75-80.

11. 白秀君. 让制度创新促进技术革命 [J]. 中国民族，2007（4）：59-60.

12. 毕井泉. 充分发挥价格杠杆作用 促进经济社会又好又快发展 [J]. 价格理论与实践，2007（3）：4-6.

13. 卞志村. 宏观稳定视角的货币政策体制设计研究 [J]. 金融经济学研究，2015（2）：3-15.

14. 蔡春，李江涛，刘更新. 政府审计维护国家经济安全的基本依据、作用机理及路径选择 [J]. 审计研究，2009（4）：7-11.

15. 曹轶. 中国石油安全的现状及对策研究 [J]. 经济研究导刊，2018（2）：5-6.

16. 曹志来. 科技创新投入产出绩效的评价与解析：基于东北三省一区的相对分析 [J]. 东北亚论坛，2008（4）：63-67.

17. 陈春雷. 我国实体经济发展存在的问题及应对策略 [J]. 学术交流，2013（8）：111-114.

18. 陈虹霁，陈德智. 企业研发投入与生产效率：全球研发顶尖企业与中国企业的比较 [J]. 科技管理研究，2012. 32（11）：99-103.

19. 陈曦. 国家经济安全研究的理论综述 [J]. 改革与开放，2012（12）：76-78.

20. 陈贤银. 基于产业安全视角的我国农业产业外资并购效应研究 [D]. 重庆：西南大学，2010.

21. 陈享光. 2014 年我国宏观经济研究的最新进展 [J]. 当代经济管理，2015（11）：1-8.

22. 成立辉. 经济全球化下中国外资并购与国家经济安全之维护 [J]. 法制与社会，2013（7）：92-93.

23. 丁元竹. 探索经济增长与稳定的宏观经济管理：读阿代尔·特纳的《危机后的经济学——目标与手段》[J]. 2016（4）：59-62.

24. 董桂才. 中国战略性资源进口的依赖性及其对资源供给安全的影响 [J]. 中国科技论坛，2009（2）：103-107.

25. 董秀成，周仲兵. 中国战略石油储备政策研究 [M]. 北京：科学出版社，2016.

26. 杜跃平. 论国有经济安全与国家经济安全 [J]. 西安电子科技大学学报（社会科学版），1999（1）：17-20.

27. 崔大勇. 论我国外资并购国家经济安全审查制度 [D]. 北京：中国政法大学，2007.

28. 崔如波. 经济全球化与国家经济安全战略［J］. 探索，2003（5）：58-61.

29. 丁磊. 低碳经济下我国战略物资安全的公共政策研究［D］. 天津：天津大学，2010.

30. 范爱军，韩忠先. 经济全球化与国家经济安全及经济利益问题研究综述［J］. 学习论坛，2005（4）：43-45.

31. 高哲理，尹振涛. 中国外债去杠杆的过程及微观机制分析［J］. 金融与经济，2017（5）：32-38.

32. 龚刚，徐文舸，杨光. 债务视角下的经济危机［J］. 经济研究，2016（6）：30-45.

33. 顾海兵，曹帆，刘国鹏. 制定我国国家经济安全法的必要性与可行性［J］. 开放导报，2008（2）：62-65.

34. 顾海兵. 中国经济安全分析：内涵与特征［J］. 中国人民大学学报，2007（2）：79-86.

35. 顾海兵，曹帆，沈继楼. 美国经济安全法律体系的分析与借鉴［J］. 学术研究，2009（11）：70-76.

36. 顾海兵，曹帆，张越，刘国鹏，姚佳. 国家经济安全国际观察分析：美国、日本、俄罗斯［J］. 首都经济贸易大学学报，2009，11（3）：5-15.

37. 顾海兵，丁孙亚. 政府债务可持续性研究：综述分析与前瞻［J］. 国家行政学院学报，2015（2）：58-62.

38. 顾海兵，李彬. 基于国际借鉴的中国经济安全战略纲要之研究［J］. 国家行政学院学报，2010（3）：33-37.

39. 顾海兵，李彬. 美国经济安全战略及对中国的借鉴［J］. 学术界，2010（3）：60-66，272-274.

40. 顾海兵，李彬. 印度国家经济安全法律体系及其借鉴［J］. 国家行政学院学报，2009（4）：88-92.

41. 顾海兵，李彬. 印度经济安全战略及对中国的借鉴［J］. 经济理论与经济管理，2010（6）：12-16.

42. 顾海兵，李长治. 中国外债压力有多大［J］. 中国经济报告，2017（1），72-75.

43. 顾海兵，刘陈杰，周智高. 美国的国家经济安全：经验与借鉴［J］. 上饶师范学院学报，2007（2）：1-6，12.

44. 顾海兵，刘国鹏，张越. 日本经济安全法律体系的分析［J］. 福建论坛

（人文社会科学版），2009（7）：4-11.

45. 顾海兵，刘玮，周智高. 俄罗斯的国家经济安全：经验与借鉴［J］. 湖南社会科学，2007（1）：110-116.

46. 顾海兵，沈继楼. 保障国家经济安全的中长期对策研究：基于立法视角［J］. 湖北经济学院学报，2009，7（4）：111-116.

47. 顾海兵，沈继楼. 保障国家经济安全的对策研究：政府机构视角［J］. 国家行政学院学报，2009（2）：73-76，88.

48. 顾海兵，沈继楼. 保障国家经济安全的短期对策研究［J］. 学习与探索，2010（1）：135-138.

49. 顾海兵，孙挺. 美中经济与安全评估委员会的启示［J］. 群言，2012（7）：24-29.

50. 顾海兵，孙挺. "十二五"时期国家经济安全水平预测分析［J］. 国家行政学院学报，2012（3）：16-20，102.

51. 顾海兵，王鑫琦. 国家经济安全研究的方法论问题［J］. 中国人民大学学报，2011，25（6）：91-96.

52. 顾海兵，姚佳，张越. 俄罗斯国家经济安全法律体系的分析［J］. 湖南社会科学，2009（3）：54-58.

53. 顾海兵，俞丽亚. 未雨绸缪：宏观经济问题预警研究［M］. 北京：经济日报出版社，1993.

54. 顾海兵，张安军. 我国区域经济安全的内涵与评价方法研究［J］. 社会科学辑刊，2012（4）：131-136.

55. 顾海兵，张梦莹. 作为战略资源的粮食与石油：2013年监测与2014年预警：基于国家经济安全能力的视角［J］. 经济与管理评论，2014，30（1）：5-10.

56. 顾海兵，张敏. 中国经济的定位：由大国经济到巨国经济［J］. 南京社会科学，2015（10）：1-8.

57. 顾海兵，张敏. 巨国视角下的中国经济安全研究［N］. 中国经济时报，2016-09-12（5）.

58. 顾海兵，张敏. 中国经济安全研究：五大误区与辩证方法论反思［J］. 经济学动态. 2017（2）：14-24.

59. 顾海兵，张帅. "十三五"时期我国经济安全水平分析［J］. 社会科学文摘，2016（7）：14-17.

60. 顾海兵，张一弓. 后30年：中国国家经济安全战略的总体研究［J］. 经济学动态, 2010 (1): 10-14.

61. 顾海兵, 赵小平. 从"美中经济与安全评估委员会"看强化全国人大的体制建设 [J]. 山东经济, 2008 (5): 10-15.

62. 郭国峰, 温军伟, 孙保营. 技术创新能力的影响因素分析: 基于中部六省面板数据的实证研究 [J]. 数量经济技术经济研究, 2007 (9): 134-143.

63. 郭连成. 经济全球化与转轨国家财政金融安全相关性研究 [J]. 国外社会科学, 2010 (6): 71-79.

64. 郭松. 构建跨境融资宏观审慎管理框架 [J]. 中国外汇, 2018 (1): 40-41.

65. 韩小威. 经济全球化与国家主权、经济安全的保护 [J]. 东北师大学报, 2003 (3): 29-33.

66. 何家凤, 何少武, 张兴旺. 政府审计对国家经济安全影响探析 [J]. 江南大学学报 (人文社会科学版), 2011, 10 (4): 86-90.

67. 何怀文. 国家知识产权战略与国民经济增长 [J]. 中国发展观察, 2007 (5): 10-11.

68. 何曼青. 如何应对国际能源格局新变化 [J]. 中国石油企业, 2015 (4): 24-27.

69. 何维达. 全球化背景下的国家经济安全与发展 [J]. 北京: 机械工业出版社, 2012.

70. 何小勤, 谷人旭. 中国实体企业"空心化"及其化解路径 [J]. 社会科学, 2013 (6): 39-49.

71. 黑泽清一, 司韦. 亚洲金融危机与国际货币基金组织存在的问题 [J]. 南洋资料译丛, 1999 (3): 21-28.

72. 侯经川. 基于博弈论的国家竞争力评价体系研究 [D]. 武汉: 武汉大学, 2005.

73. 侯俊军. 研究与开发全球化和国家经济安全 [J]. 国际商务 (对外经济贸易大学学报), 2000 (4): 26-28.

74. 侯迎春. 我国外债管理问题探讨 [J]. 金融与经济, 2017 (6), 68-71.

75. 胡荻, 王彦, 范必. 谁在左右未来能源格局? [J]. 环球市场信息导报. 2014 (41): 16-17.

76. 胡红, 李海潮. 国家经济安全视域下做强实体经济的路径选择 [J]. 经济研究导刊, 2017 (28): 1-2.

77. 胡洪彬. 中国国家安全问题研究: 历程、演变与趋势 [J]. 中国人民大学学报，2014，28（4）：148-155.

78. 胡如蓝. 论外资并购与国家经济安全审查 [D]. 长沙：湖南大学，2009.

79. 胡延玲，张弛. 基于外资并购谈国家经济安全审查法律制度的构建 [J]. 中国公共安全（学术版），2010（3）：115-119.

80. 胡岳岷. 中国粮食安全战略：一个制度安排框架 [J]. 江汉论坛，2007（9）：4-13.

81. 黄聪英. 论实体经济 [D]. 福州：福建师范大学，2014.

82. 黄继鸿，雷战波，凌超. 经济预警方法研究综述 [J]. 系统工程，2003（2）：64-70.

83. 姜茸，梁双陆，李春宏. 国家经济安全风险预警研究综述 [J]. 生态经济，2015，31（5）：34-38.

84. 姜秀华，任强，孙铮. 上市公司财务危机预警模型研究 [J]. 预测，2002（3）：56-61.

85. 景玉琴. 中国产业安全问题研究 [D]. 长春：吉林大学. 2005.

86. 雷家骕. 关于国家经济安全研究的基本问题 [J]. 管理评论，2006（7）：3-7，63.

87. 雷薪雍，张淑惠. 国家审计维护国家经济安全研究 [J]. 现代审计与经济，2015（3）：20-21.

88. 李菲菲. 我国商业银行不良贷款率的分析 [J]. 现代商业，2017（27），68-69.

89. 李金生，李晏墅，周燕. 基于技术创新演进的高技术企业内生文化模型研究 [J]. 中国工业经济，2009（5）：108-118.

90. 李群. 外资并购国家安全审查法律制度研究 [D]. 重庆：西南政法大学，2012.

91. 李天铎. 工业产权保护和俄罗斯的经济安全 [J]. 管理科学文摘，1999（3）：40.

92. 李晓勇. 国际经济关系与我国经济安全 [J]. 中共云南省委党校学报，2003（1）：104-107.

93. 李晓钟，张小蒂. 外商直接投资对我国区域技术创新能力提升影响的分析 [J]. 国际贸易问题，2007（12）：106-111.

94. 李雪峰. "经济安全：预警与风险化解"国际学术研讨会观点综述 [J]. 中国工业经济，2005（3）：121-125.

95. 李勇坚，夏杰长. 高端服务业：维护和促进国家经济安全的战略产业 [J]. 国际贸易. 2012（6）：61-66.

96. 梁敏. 中国铅锌矿产资源国家经济安全评价研究及应用 [D]. 南昌：江西理工大学，2015.

97. 梁文玲. 从亚洲金融危机看我国的外债管理 [J]. 金融发展研究，1999（1）：8-11.

98. 梁亚西. 经济稳定与经济增长、经济发展之间的关系探讨 [J]. 管理创新，2014（9）：261-261.

99. 刘立涛，沈镭，刘晓洁，等. 基于复杂网络理论的中国石油流动格局及供应安全分析 [J]. 资源科学，2017，39（8）：1431-1443.

100. 刘沛，卢文刚. 金融安全的概念及金融安全网的建立 [J]. 国际金融研究，2001（11）：50-56.

101. 刘胜会. 基于通胀和稳定的多目标宏观审慎政策框架：兼论中央银行在宏观审慎中的地位和作用 [J]. 金融与经济，2011（8）：11-18.

102. 刘甜. 实体经济和虚拟经济主体分类比较：基于国民经济统计和货币统计视角浅析 [J]. 现代经济信息. 2010（12）：80.

103. 陆礼垠. 控制力和竞争力：论全球化背景下国有企业在国家经济安全中的战略定位 [J]. 理论界，2012（7）：38-39.

104. 吕海燕. 经济稳定与经济增长的关系 [J]. 辽宁教育行政学院学报，2005（7）：38-40.

105. 吕军，王德运，魏帅. 中国石油安全评价及情景预测 [J]. 中国地质大学学报（社会科学版），2017（2）：86-96.

106. 吕少杰. 我国商业银行资本充足率管理的分析 [D]. 成都：西南财经大学，2011：107. 马建春，陈华. 跨国并购管制与国家经济安全：西方经验做法及对中国的启示 [J]. 科学学与科学技术管理，2006（8）：125-130.

108. 莫小东. 国家经济安全监测预警研究综述 [J]. 科技对策与研究，2017（3）：16-19.

109. 年志远，李丹. 国家经济安全预警指标体系的构建 [J]. 东北亚论坛，2008（6）：75-76.

110. 聂富强. 中国国家经济安全预警系统研究 [M]. 北京：中国统计出版社，2005.

111. 彭兴韵，何海峰. 新金融动荡下的中国金融安全分析 [J]. 经济学动态，

2008（9）：22-29.

112. 彭有祥. 经济全球化与经济安全［J］. 经济问题探索，2004（7）：34-36.

113. 蒲清泉. 全球化时代我国经济安全维护路径探索［J］. 人民论坛，2015（5）：76-78.

114. 齐岳峰. 稳增长成为经济安全的催眠药［J］. 商业报道，2012（3）：74-77.

115. 乔瑞红. 论政府审计与国家经济安全之关系［J］. 现代财经：天津财经大学学报，2009，29（6）：68-71.

116. 秦嗣毅，胡根华. 中国与美国、日本基于经济安全的国家经济竞争优势比较研究［J］. 世界经济研究，2012（6）：3-8.

117. 渠立权，骆华松，胡志丁，等. 中国石油资源安全评价及保障措施［J］. 世界地理研究，2017，26（4）：11-19.

118. 任海平，王天龙. 当前我国国家安全形势综合评估及应对［J］. 全球化，2015（1）：61-71.

119. 任晓聪，牛海鑫. 基于协整与误差修正模型的中国国债规模适度性研究［J］. 兰州商学院学报，2016（3）：96-105.

120. 申童童. 中国对外贸易依存度影响因素分析［J］. 当代经济，2017（14）：4-5.

121. 沈静. 经济全球化与中国国家经济安全的若干思考［J］. 世界经济研究，2002（4）：10-14，58.

122. 苏文. 中国战略资源储备系统建立机制研究［J］. 中国矿业，2011（s1）：58-62.

123. 孙玉栋，吴哲方. 我国国债适度规模的实证分析［J］. 经济理论与经济管理，2013（10）：50-60.

124. 谭健. 谁来保卫国家经济安全：东南亚金融风波启示录［J］. 中国企业家，1998（5）：54-57.

125. 唐建新，古继洪，付爱春. 政府审计与国家经济安全：理论基础和作用路径［J］. 审计研究，2008（5）：29-32.

126. 唐田田，刘平，张鹏，等. 冈珀兹曲线模型在专利发展趋势预测中的应用［J］. 现代图书情报技术，2009（11）：59-63.

127. 陶坚. 考察国家经济安全的新视角［J］. 科学决策，1998（3）：9-11.

128. 田正，李鑫. 日本国债效应分析及其对我国的启示［J］. 山东社会科学，2015（11）：121-125，120.

129. 佟丹丹. 粮食安全视角下我国粮食进出口策略 [J]. 改革与战略，2017，33（7）：179-181，185.

130. 统计科学研究所. 就业、收入分配、社会保障与国家经济安全 [J]. 统计研究，2002（10）：21-25.

131. 万君康，肖文韬，冯艳飞. 国家经济安全理论述评 [J]. 学术研究，2001（9）：74-78.

132. 王彬. 外国投资的国家安全审查法律制度研究 [D]. 长春：吉林大学，2017.

133. 王丹娜. 关于降低我国商业银行不良贷款率的思考：基于不良贷款警戒率的分析 [J]. 金融与经济，2010（2）：26-82.

134. 王东杰. 外资并购与我国产业安全研究 [D]. 济南：山东大学，2009.

135. 王芳. 外资并购中国家安全审查与反垄断审查的协调机制研究 [D]. 上海：华东政法大学，2013.

136. 王俊豪，吴晶晶. 基于国家经济安全的跨国公司并购管制 [J]. 经济与管理研究，2006（10）：19-25.

137. 王俊林，贺卓群. 构筑国家经济安全网：竞争政策与国家产业安全利益的有效协调 [J]. 经营与管理，2012（4）：11-12.

138. 王素梅，李兆东，陈艳娇. 论政府审计与国家经济安全 [J]. 中南财经政法大学学报，2009（1）：95-99.

139. 王少喆. 跨国并购国家安全审查制度比较研究 [D]. 北京：北京大学，2007.

140. 王小彤，赵传敏. 经济全球化背景下国家经济安全现状分析 [J]. 东方企业文化，2012（13）：23.

141. 王与君. 中国经济国际竞争力的基础与前景 [D]. 北京：中共中央党校，1999.

142. 王元龙. 关于金融安全的若干理论问题 [J]. 国际金融研究，2004（5）：11-18.

143. 王智波. 中国产业结构升级的归因矩阵分析 [J]. 宏观经济研究，2012（04）：93-96，104.

144. 温俊萍. 经济全球化进程中发展中国家经济安全研究 [D]. 上海：华东师范大学，2006.

145. 温竹玲. 我国国债市场的现状及发展建议 [J]. 现代经济信息，2018

（2）：322.

146. 吴昊洋，刘静. 政府审计与国家经济安全 [J]. 税务与经济，2015（5）：60-63.

147. 夏冬. 我国企业技术创新中所有权结构作用的实证研究 [J]. 科技进步与对策. 2008（11）：121-124.

148. 夏少华. 基于内外均衡视角的国家经济安全分析 [J]. 经济视角（中旬），2011（4）：106-107.

149. 向一波. 中国装备制造业产业安全研究 [D]. 北京：中国人民大学，2013.

150. 肖贺波. 我国外债风险产生的原因和对策 [J]. 经济研究参考，2015（12）：17-18.

151. 肖文韬，王爱民，万君康. 经济全球化进程中国家产业安全问题初步研究 [J]. 武汉化工学院学报，2000（4）：91-94.

152. 谢翀. 农业产业安全观下的外资并购风险与法律防范 [J]. 华中农业大学学报（社会科学版），2012（2）：98-102.

153. 谢伏瞻. 宏观管理与中国的经济安全 [J]. 管理世界，2001（11）：7-13.

154. 谢炜，葛中全. 科研单位 R&D 支出来源、用途与其专利申请量之关系研究 [J]. 价值工程，2005（11）：40-42.

155. 徐慧. 我国商业银行不良贷款率影响因素分析 [D]. 南京：南京师范大学，2017.

156. 徐全勇. 外商直接投资对我国自主创新作用的实证分析：基于区域层面的面板数据分析 [J]. 世界经济研究，2007（6）：14-18，86.

157. 徐维余. 我国外资并购中国家经济安全审查法律问题 [J]. 法治研究，2009（3）：38-41.

158. 许铭. 中国产业安全问题分析 [D]. 上海：复旦大学，2005.

159. 许圣道，王千. 虚拟经济全球化与国家经济安全研究 [J]. 中国工业经济，2009（1）：65-74.

160. 许正中. 扶持小企业：提升产业创新速度维护国家安全 [J]. 中国发展观察，2012（7）：41-42.

161. 杨昌斌. 从 GDP 核算看实体经济与虚拟经济 [J]. 开放导报，2012（2）：35-38.

162. 杨建荣. 经济全球化下我国政府审计与国家经济安全：一个基于新兴古典理论和公共受托责任的分析 [J]. 审计研究，2009（5）：9-14.

163. 杨军. 顺应能源格局新变化 引领经济发展新常态 [J]. 中国煤炭工业. 2015 (10)：1.

164. 杨军敏，徐波. 外资并购的国家经济安全规制研究 [J]. 东华大学学报（社会科学版），2010，10 (2)：159-164.

165. 杨英法，郑彦生，侯剑楠. 以经济文化一体化推动文化经济的兴起 [J]. 河北工程大学学报（社会科学版），2008 (3)：11-13.

166. 杨宇婷. 我国国债运行风险管理研究 [D]. 北京：财政部财政科学研究所，2014.

167. 叶卫平. 国家经济安全的三个重要特性及其对我国的启示 [J]. 马克思主义研究，2008 (11)：35-40.

168. 叶卫平. 国家经济安全定义与评价指标体系再研究 [J]. 中国人民大学学报，2010，24 (4)：93-98.

169. 叶卫平. "一带一路"建设与我国经济安全 [J]. 中国特色社会主义研究，2015 (5)：38-41.

170. 袁富华，陈余富，史彦刚. 石油短缺与中国经济安全 [J]. 中国人口·资源与环境，2001 (4)：39-42.

171. 苑文博，梁一新. 我国外资并购国家经济安全审查初探 [J]. 河北法学，2012，30 (7)：125-132.

172. 张爱峰. 论外资并购中国家经济安全审查机制的构建 [J]. 国际关系学院学报，2010 (4)：56-62.

173. 张保法. 经济预测与经济决策 [M]. 北京：经济科学出版社，2004.

174. 张槟，胡俊. 安徽省专利产出影响因素分析 [J]. 枣庄学院学报，2012，29 (2)：83-90.

175. 张汉林，魏磊. 全球化背景下中国经济安全量度体系构建 [J]. 世界经济研究，2011 (1)：8-13，87.

176. 张红力. 金融与国家安全 [J]. 中国金融，2015 (10)：26-28.

177. 张华胜. 中国制造业技术创新能力分析 [J]. 中国软科学，2006 (4)：15-23.

178. 张杰，刘志彪，郑江淮. 中国制造业企业创新活动的关键影响因素研究：基于江苏省制造业企业问卷的分析 [J]. 管理世界，2007 (6)：64-74.

179. 张举胜. 美国外资并购国家安全审查制度研究 [D]. 北京：中国政法大学，2011.

180. 张敏. 浅析经济稳定与经济增长、经济发展 [J]. 金融经济，2013（3）：101-101.

181. 张明之. 产业控制力视野中的国有资本战略性调整 [J]. 现代经济探讨，2013（3）：25-29.

182. 张庆龙，谢志华. 论政府审计与国家经济安全 [J]. 审计研究，2009（4）：12-16.

183. 张桂喜. 经济预测、决策与对策 [M]. 北京：首都经济贸易大学出版社，2003.

184. 张晓京. WTO《农业协议》下的粮食安全：基于发达与发展中国家博弈的思考 [J]. 华中农业大学学报（社会科学版），2012（2）：91-97.

185. 赵蓓文. 国家经济安全视角下的外资风险传导与扩散机制 [J]. 世界经济研究，2006（3）：21-26.

186. 赵蓓文. 外资风险视角下的中国国家经济安全预警指标体系 [J]. 世界经济研究，2012（1）：68-74，89.

187. 赵莉丹. 论外资并购与我国国家经济安全相关法律制度的完善 [D]. 桂林：广西师范大学，2008.

188. 赵惟. 国家经济安全与产业安全研究综述 [J]. 首都经济贸易大学学报，2005（3）：25-27.

189. 赵英. 产业国际竞争力与国家经济安全（下）[J]. 经济管理，1997（4）：36-38.

190. 赵英. 产业国际竞争力与国家经济安全（中）[J]. 经济管理，1997（3）：22-23.

191. 赵英. 产业国际竞争力与国家经济安全（上）[J]. 经济管理，1997（2）：25-27.

192. 赵智慧. 我国外债现状分析及管理对策 [J]. 金融天地，2017（31）：299-301.

193. 中国现代国际关系研究院世界经济研究所. 国际战略资源调查 [M]. 北京：时事出版社，2005.

194. 朱建民. 一些国家维护产业安全的做法及启示 [J]. 经济纵横，2013（4）：116-120.

195. 祝恩扬，侯铁珊. 短期货币错配指数对金融危机的影响分析：基于亚洲金融危机的实证检验 [J]. 管理世界，2012（8）：169-170.

196. 庄芮. 石油进口持续增长对我国经济安全的影响 [J]. 世界经济研究,
2005 (6)：16-22.

197. 庄子银, 李宏武. FDI、知识产权与中国的专利结构 [J]. 研究与发展管
理, 2018 (1), 81-89.

198. 左敏. 国家审计如何更好地维护国家经济安全 [J]. 审计研究, 2011 (4)：
8-13.

**图书在版编目（CIP）数据**

中国经济安全年度报告：监测预警. 2018/顾海兵等著. --北京：中国人民大学出版社，2019.9
（中国人民大学研究报告系列）
ISBN 978-7-300-27534-5

Ⅰ.①中… Ⅱ.①顾… Ⅲ.①中国经济－国家安全－研究报告－2018 Ⅳ.①F123

中国版本图书馆 CIP 数据核字（2019）第 218166 号

中国人民大学研究报告系列
**中国经济安全年度报告：监测预警 2018**
顾海兵 李长治 等 著
Zhongguo Jingji Anquan Niandu Baogao：Jiance Yujing 2018

| | | | | |
|---|---|---|---|---|
| **出版发行** | 中国人民大学出版社 | | | |
| **社　　址** | 北京中关村大街 31 号 | | **邮政编码** | 100080 |
| **电　　话** | 010－62511242（总编室） | | | 010－62511770（质管部） |
| | 010－82501766（邮购部） | | | 010－62514148（门市部） |
| | 010－62515195（发行公司） | | | 010－62515275（盗版举报） |
| **网　　址** | http://www.crup.com.cn | | | |
| **经　　销** | 新华书店 | | | |
| **印　　刷** | 北京玺诚印务有限公司 | | | |
| **规　　格** | 185 mm×260 mm　16 开本 | | **版　　次** | 2019 年 9 月第 1 版 |
| **印　　张** | 11 插页 1 | | **印　　次** | 2019 年 9 月第 1 次印刷 |
| **字　　数** | 200 000 | | **定　　价** | 38.00 元 |